ANNE TAPPE

GRIECHISCHE INSELN

Wo sich das Licht der Götter entzündete

W0370608

Goldmann Verlag

Herausgegeben von Wulfing von Rohr

Originalausgabe

Abbildungen auf den Seiten 103, 106, 109, 114, 120, 123, 126: © Uwe Suthmann

Der Goldmann Verlag
ist ein Unternehmen der Verlagsgruppe Bertelsmann

Originalausgabe März 1992
© 1992 Wilhelm Goldmann Verlag, München
Umschlaggestaltung: Design Team München
Umschlagphoto (vorne): The Image Bank/Davison
Umschlagphoto (hinten): Gerhard P. Müller
Kartographie: Astrid Fischer, München
Belichtung: Compusatz, München
Druck: Presse-Druck Augsburg
Verlagsnummer: 12295
Lektorat: Brigitte Leierseder-Riebe
Redaktion: Dieter Löbbert
Herstellung: Sebastian Strohmaier
ISBN 3-442-12295-3

10 9 8 7 6 5 4 3 2

MAGISCH REISEN

Mit dem Herzen die Welt erleben und zu sich selbst finden

Erholungsreisen, Bildungsreisen, Abenteuerreisen – es gibt viele unterschiedliche Wünsche und Erwartungen rund ums Reisen. In einer Zeit des Umbruchs, in der fast jedes Ziel auf unserem Erdball Reisenden zugänglich ist, in der es kaum noch geographisch weiße Flecken gibt, kann Reisen jedoch einen neuen Sinn gewinnen. Die Faszination der Begegnung mit anderen Ländern, Menschen und Kulturen liegt nicht mehr nur im vordergründigen Erleben der Exotik des Andersseins, sondern darin, was wir über uns selbst und über unser gemeinsames menschliches, kulturelles, religiöses Erbe erfahren. **MAGISCH REISEN** ist die Aufforderung zum Reisen in fremde Länder, als blicke man in einen Spiegel der eigenen Seele.
Die Idee für die Reihe **MAGISCH REISEN** stammt vom bekannten Fachbuchautor, Astrologen, Mythenforscher, Journalisten und Dramaturgen Bernd A. Mertz. Er, der Goldmann Verlag und der Herausgeber legen eine in sich geschlossene Reihe vor, die allerdings der Einzigartigkeit von Land, Themenkreis und Autor/in immer individuellen Spielraum öffnet.

MAGISCH REISEN, das heißt anders reisen: Orte der Kraft und heilige Stätten erleben, Göttern und Heiligen, Urgestalten und Heroen begegnen und die Welt der Mythen und Märchen, der Sagen und Fabeln betreten.

MAGISCH REISEN heißt auch anders lesen: mit Verstand und Herz, mit Gefühl und Seele in Geschichte und Geschichten, in Stimmungen und Landschaften, in geistige Botschaften und heilige Energien eintauchen, äußere Reisen zu inneren Erfahrungen machen, im Geiste in ferne Gefilde entschweben, ohne den Fuß vor die Türe zu setzen.

MAGISCH REISEN möchte die Leser/innen dazu inspirieren, das Leben als die magische Reise zum eigenen Sinn zu erfahren, auf deren Wegstrecke die äußeren Reisen in immer wieder neue Winkel unserer alten Mutter Erde auch immer wieder neue Anstöße zur bewußten Lebensreise sind.

Der Herausgeber

Inhalt

Schließe Griechenland
in dein Herz,
und du kriegst einen Infarkt.
(Nikos Dimou: Das Unglück, Grieche zu sein)

Schließe Griechenland
in dein Herz,
und deine Seele bekommt Flügel.
(Die Autorin)

Als Dank all meinen Freunden,
die da sind, wenn ich sie brauche,
und die mich allein lassen,
wenn ich schreiben muß.

Sehnsucht nach den Inseln

Über Jahrmillionen mit dem Festland verbunden,
tauchten die Inseln eines Tages
in die vom Nebel verhüllten Fluten des Meeres.

Ein grauer, lichtloser Wintertag daheim. Einer von vielen, die die Stimmung niederdrücken und das Leben freudlos erscheinen lassen. Gedankenverloren drücke ich den Sendersuchlauf des Radios. Irgendwo zwischen dem Zahlengewirr von Megahertz stoppt er unvermittelt. Zwei Töne, klar und durchdringend, stehen im Raum. Stille. Dann wieder »ta dam, ta ta ta dam . . .« Ein Klangbild nimmt Gestalt an, formt sich zu einer Geschichte. Der Geschichte des urwüchsigen makedonischen Helden Alexis Sorbas. Und plötzlich ist jeder Trübsinn wie fortgeblasen.

2500 Inseln, 5000 Jahre Geschichte

Inseln tauchen auf, in Licht gebadet in der Weite der Ägäis. 2500 griechische Inseln, 5000 Jahre Geschichte. Helios, der Sonnengott, küßt das Weiß der kykladischen Mauern ein. Häuser, eng aneinandergedrängt, wie zum Kampf angetreten, sehen mit verwegenem Mut dem Meer ins Auge. Kühnheit, Eigenwilligkeit, antike Wurzeln – alles zusammen. Blendendweiße Gäßchen mit Treppenstufen. Kleine Innenhöfe, mit Steinplatten ausgelegt. Ein Mosaik aus Dächern. Wie vom Wind verstreut Hunderte von Kirchen über den Inseln. Wälder, Ölweiden, Maulbeerbäume, Tamarisken. Das Grün versammelt sich an den Hängen, reitet durch die Ebenen, wandert über die Gipfel. Ein triumphaler Aufstieg. Buchten, Häfen,

Kieselstrände, auch karge kykladische Schönheit – ein Wunder ohne Ende. Nirgends Leere. Überall Inseln, Perlen, sonnen- und schaumgeboren.

Ich brauche nur ein paar Klänge von Mikis Theodorakis zu hören, seine leicht orientalisch anmutende Musik, und meine Sehnsucht erwacht. Das Sehnen nach dem Licht von Hellas und die Sucht, mich wie eine Nomadin durch die Ägäis treiben zu lassen, immer mehr Inseln zu sammeln. Jedes Jahr der gleiche Vorsatz: »Heuer wird dein Ziel ein anderes – Afrika, Asien, Australien vielleicht, die Welt hat so viel zu bieten!«

Die reinigende Kraft der Ägäis

Aber dann zieht es mich wieder hin zu der Urkraft der griechischen Inseln, die beseelt sind von Göttern und Genien. Diese Kraft ist unglaublich präsent. Wie in einem ständigen Selbstreinigungsprozeß wäscht sie immer wieder alles Fremde von sich. Nichts ist geordnet, strukturiert, übergestülpt. Griechische Inseln sind Wildwuchs. Der Geist kann sich hier frei entfalten; die Seele mit einem inneren Kompaß wandern – auf der ewigen Suche nach dem Ursprung des europäischen Geistes.

Nichts auf der Welt ist vergleichbar mit den ägäischen Eilanden. Es sind die Farben, die mich immer wieder überwältigen. Die sanften, pastellfarbenen Töne dieser Inseln. Sie haben jene gehauchten, duftigen, leicht verschwimmenden Umrisse wie auf Bildern von Leonardo da Vinci. Dieser feine Dunst, der alles zart umhüllt und entrückt, macht jeden Streifzug durch die Ägäis zu einer Reise der Selbstbesinnung. Inseln verwandeln, verändern den Menschen. Sie wecken Sensibilität, Schönheitssinn, Naturgefühl, die Freude am einfachen Leben.

Und doch darf hier nicht der Eindruck entstehen, griechische Inseln seien nur selbstlose Idyl-

Inseln muß man mit dem Schiff anlaufen – vor allem die griechischen

len. So unberührte Natur, so jungfräuliche Geschichte, wie ihnen Romantiker unterstellen, sind sie nicht. Viele haben längst ihre Unschuld verloren, wurden für den Tourismus im großen Stil erschlossen, an vielen Stellen zu Tode geliebt. Die Natur selbst betätigt sich in eifriger Konkurrenz zu den Menschen an der Demontage der eigenen Schöpfung.

Keine dreißig Jahre ist es her, als zum letzten Mal ein Erdbeben Santorin in Schutt und Asche legte. Andere Inseln sind wehrlos der Erosion ausgesetzt. Daher stimmt es auch nicht mehr mit dem Wasserhaushalt. So ist manche Idylle dahin. Aber die Sucht und die Sehn-sucht haben ja nichts mit Vernunft und Wirklichkeit zu tun. Also werde ich weiter Inseln sammeln, oben im Norden, bei den Zerstreuten Inseln, den Sporaden, natürlich bei den Kykladen, diesem Kreis der kahlen, leuchtenden Inseln in der Mitte der Ägäis, auch im

Dodekanes, dem Dutzend rund um Rhodos, oder bei den grünen und heiteren Großinseln ganz im Osten, dicht unter der türkischen Küste.

Über das, was ich auf meinen bisherigen Reisen durch die griechische Inselwelt erlebt, erfahren und erfühlt habe, möchte ich hier schreiben. Über die Begegnungen mit der Natur, mit der Geschichte, mit Menschen, Göttern, Mythen und mit einer höheren Wahrheit. Viele Bilder, die ich hier nachzeichne, behandeln nicht nur die »sichtbare Welt«. Es sind Bilder, die von innen zu leuchten begannen an heiligen Orten – wie Patmos beispielsweise – oder an besonderen Kraftplätzen. So wie sie sich mir mitteilten, möchte ich sie jetzt mit anderen teilen.

Erhart Kästner, sensibler und profunder Kenner der griechischen Inseln, schrieb einmal: »Was in diesem Lande gelebt und geglaubt, gedacht, gedichtet und geformt worden ist, hat sich auf Täler und Höhen niedergelassen wie himmlischer Tau. Ein besungener Berg ist für Zeit und Ewigkeit schöner als einer, den niemand besang, und ein bedichtetes Tal und ein Fluß wird für immer aufglänzen, so wie ein geliebter Mensch schöner ist als ein ungeliebter sein kann.« In diesem Sinne ist mein Buch auch ein Dank und eine Liebeserklärung an all die Eilande, deren ursprüngliche Kraft meiner inneren Quelle Nahrung gab.

Das alles verwandelnde Licht der Ägäis

Das Licht der Ägäis ist mit nichts zu vergleichen als mit Geist. In einem wunderbaren Intellekt müßten die Dinge so liegen, so wach und so besänftigt, so gesondert und so verbunden.
Hugo von Hofmannsthal

Ich erinnere mich noch an meine erste Ankunft in Santorin. Vor zehn Jahren. Mit dem Flugzeug. Die Überbrückung ganzer Welten in fünfundzwanzig Minuten. Kaum hatten wir das Chaos und die Smogglocke Athens hinter uns gelassen, setzte die Maschine bereits wieder zur Landung an. Wie ein Adler, der seine Beute zielgerichtet im Auge hat, schoß sie hinunter, platzte mitten hinein in einen glühenden Sonnenuntergang. Die ganze plutonische Kraft der Vulkaninsel schlug mir entgegen. Wie ein Blasebalg trieb ein tückischer Stoßwind den Lavastaub in Augen und Ohren. Zum Schutz gegen so viel Heftigkeit verschlossen sich alle Sinne.

Inseln müssen per Schiff bereist werden

Ich kannte gottlob den Unterschied. Wie oft hatte ich mich bereits vorher als Vagabundin durch die Ägäis treiben lassen. Bei einer Kreuzfahrt durch die Welt der Antike, auf einer lauten, durch die Wellen stampfenden Fähre oder auf einem leichtfüßigen »fliegenden Delphin«. Und immer war es die gleiche Erkenntnis: Inseln, ganz besonders die griechischen, müssen mit dem Schiff angesteuert werden. Dieses sanfte Aufeinanderzugleiten, wenn eine unsichtbare Welt im grenzenlosen Meer langsam sichtbar wird und die Inseln aus dem Schatten ins Licht geboren werden – das ist wie der Beginn einer Liebesbeziehung. Eigentlich hat diese Beziehung ja schon längst begonnen. Draußen auf dem Meer, in der gläsernen Helle des heiter strahlenden Himmels, in dem alles durchdringenden, alles verwandelnden Licht, das es sonst nirgends gibt auf dieser Welt.

Das Auge wird zu Mund und Ohr

Wer glaubt, das griechische Licht allein mit dem Auge erfassen zu können, wird nichts weiter sein als König unter den Blinden. In der Ägäis riecht man die Sonne, man schmeckt sie sogar, und das Auge wird zum Mund. Wer Augen hat zu hören, wird dem griechischen Dichter Nikiphoros zustimmen:

Kam heute so viel Licht,
daß die Blinden,
die auf den Steinen sitzen,
es hören jubilieren.

Dieses Licht ist hell und heilend zugleich. Seine Schwingung legt sich wie Balsam auf die Seele, belebt den Körper und den Geist. In ihm zu baden, gleicht einer Initiation. Heiliges, göttliches Licht! Durchscheinend in seiner Transparenz und absolut in seiner Klarheit. Es duldet keine Lüge, kein Sichverbergen und Verschweigen. Selbst die Farben können seiner Durchlichtung nicht widerstehen. Sie weichen vor ihm zurück in weiche Halbtöne und fließende Nuancierungen. Zart und duftig noch dort, wo sie sich klar voneinander absetzen. Nur der Künstler wird die dem Regenbogen entlehnten Farben einfangen können, der die Technik der Aquarellmalerei beherrscht. Nur der Musiker vermag die Töne umzusetzen, der mit zarten Fingern die Harfe streicht. Es sind die Klänge einer Sphärenmusik, von weit her geweht.

Erst wenn dieses Licht sämtliche Sinne gerei-

Eos, die Göttin der Morgenröte, eilt ihrem Bruder Helios voran, um ihm das Himmelstor zu öffnen

nigt und erhellt hat, ist der Mensch reif für die Insel. Für eine Beziehung zu ihr, die aus dem wissenden, wortlosen Verstehen lebt. Aller Anfang ist das Licht. Ohne dieses Licht wäre Griechenland nicht Hellas geworden, hätte Europa sich nicht an Hellas entzündet.

Die Götter sind da

Wie ein Zeichen sah ich plötzlich vor mir auf dem Meer Tausende von Lichtbällen im akrobatischen Zauberspiel aufleuchten. Das konnte doch nicht der Mond sein oder die tanzenden Spiegelbilder der Sterne? Fata Morgana ... göttliche Vorstellung in jedem Menschen ... Hoffnung und Sehnsucht, daß es die Götter gegeben hat, gibt, immer geben wird. Sie sind da, jubelte alles in mir. Sie antworten dir, wenn du die Flamme deines Bewußtseins auf sie lenkst. Allein an der Frage entzündete das Meer in der Tiefe seine bengalischen Lichter. Meeresleuchten. Funken stoben und glitten im Bausch der Bugwelle rückwärts hinab. Strähnen von Licht. Goldhaar der Nereiden. Ich fühlte mich, als würde ich gleichzeitig aus mir heraus- und in mich hineinsehen. Ich war der Mittelpunkt eines ganzen Universums – jenes unendlichen Gartens aus Milliarden von Bildern, von denen jedes einzelne seine eigene Herkunft, seine eigene Wahrheit und seine eigene Zukunft hatte. Der sprühende Kosmos von Bildern spiegelte alles, was in mir war. Oder war ich selbst das Spiegelbild dieses unermeßlichen, durch keine Zahl, kein Wort der Menschen begreifbaren Universums? Und ich spürte erstmals in jeder Zelle die große und uralte Wahrheit des Hermes Trismegistos: »Wie oben so unten, wie innen so außen!«

In Piräus hatte ich das Schiff bestiegen. Ich wollte nach Patmos, um auf der heiligen Insel das Osterfest zu erleben. Wir fuhren über Nacht. Die letzten Stunden des Frühlingstages zerflossen im gelbmilden Abendschein. Die Bugwelle durchkämmte das kühle Meer. In Millionen von Wellen geriffelt, marschierte es in exakten Reihen hinter uns her. Fast übergangslos brach die Nacht herein. Dunkelheit umhüllte mich wie ein bauschiges Tuch. Die silberne Sichel des zunehmenden Mondes spann eine Glitzerstraße über die Wellen. Wie auf eine dunkle Schale gemalt, funkelten die hellen Lichtpunkte der Sterne. Je länger ich zum Himmel hinaufsah, desto mehr wurden es. Im Bann ihrer Strahlen tauchten Erinnerungen an die vergangene Welt der großen, mächtigen Götter auf. Hier, unsichtbar um mich herum, wirkten sie.

Erinnerungen an eine vergangene Welt

Allen voran Poseidon, umrahmt von den unzähligen Seegottheiten, die die Ägäis als dämonische Halbwelt bevölkerten dank der Fruchtbarkeit von Okeanos und Thetis. 3000 Söhne und Töchter, die Okeaniden, brachten die beiden hervor. Und irgendwo draußen in der Dunkelheit all die Inseln wie Schollen im Treibeis. Viele tragen Namen von Nymphen, die Poseidon in Felseilande verwandelte, weil sie sich seiner unersättlichen Gier verweigerten. Aphrodite, die Schaumgeborene, sich ewig erneuerndes Kind der Ägäis – auch sie nur ein Lichtpunkt in der dunklen Himmelsschale? Ein Staubkorn in der Unendlichkeit, verloren in der Ewigkeit des Werdens und Vergehens?

In dieser Nacht auf dem Meer, irgendwo zwischen Patmos und Piräus, wurde mir bewußt, daß das Licht der Ägäis bereits eine tiefe Wirkung auf mich hatte. Es wandelt und adelt, transzendiert Grobstoffliches in Feinstoffliches, Ahnung in Wissen. Dieses Licht ist materialisierter Geist, der das »Wesen« der Dinge zur Epiphanie, zur Erscheinung, hervortreibt. In solch heller Welt vergeistigt sich das Stoffliche und verleiblicht sich das Geistige.

Das Licht einer großen Kultur

Aber noch ein anderes Licht hat die Ägäis und den angrenzenden Teil Europas und Asiens erhellt: das Licht einer großen Kultur. Auf Kreta stand die Wiege der abendländischen Zivilisation, erblühte die minoische Hochkultur. Was wir von jenem Volk wissen, das deutlich vorderasiatische Züge trug und im zweiten vorchristlichen Jahrtausend eine erstaunlich verfeinerte Zivilisation entwickelte, ist trotz aller Ausgrabungen herzlich wenig. Fest jedoch steht, daß enge Beziehungen bestanden nach Ägypten und zur Levante. Die minoische Kultur, wie sie nach dem mythologischen Zeussohn Minos genannt wird, ist keine Wunderblüte, die sich plötzlich auf einer einsamen Insel entfaltete. Sie hat ihre Wurzeln in den frühen Hochkulturen am Rande des östlichen Mittelmeeres.

Doch blieb das Minoische nicht allein auf Kreta beschränkt. Es strahlte aus auf andere Inseln, hinüber nach Kleinasien und auf das heutige griechische Mutterland. Diese kulturelle Lichtquelle nannten die Griechen später das »Goldene Zeitalter«. Nicht zu Unrecht. Die minoische Kultur war eine überaus friedliche und tolerante. Sie lebte ohne Festungsmauern und Kriegerkult, räumte der Frau die Gleichberechtigung ein, huldigte dem Tanz, Sport und den schönen Künsten. Vieles davon haben die Hellenen übernommen. Sie importierten aus Kreta fast den gesamten Götterhimmel des Olymp, mannigfache Techniken des Schiffsbaus, der Metallverarbeitung und die Navigation nach Sonne und Sternen. Der Insel verdanken die Griechen auch ihre Gesetze und die erste Fixierung ihrer Sprache (in der minoischen Linear-B-Schrift). Ein Geheimnis umhüllt den Untergang der minoischen Kultur. Ob der gewaltige Kraterausbruch der Vulkaninsel Santorin um 1400 vor Christus wesentliche Teile der Hochkultur zerstörte, bleibt bis heute ungeklärt.

Eine Inselwelt in schattenloser Klarheit

Die große Rolle der Ägäis gehört der Vergangenheit an, aber das Licht ist geblieben. Die herbe Schönheit dieser Stein-Wasser-Licht-Region ersteht unverletzt wie am ersten Schöpfungstag, wenn man sich auf dem Wasserwege einer der Inseln nähert, mag sie nun Rhodos, Kos, Samos, Mykonos oder Ikaria heißen. Diese mit verschwenderischer Lichtfülle so reich gesegnete Inselwelt bietet sich in schattenloser Klarheit dar. Die bunten Kiesel am Strand und in der Tiefe des kristallenen Meeres schimmern geradeso wie die Kerben und Furchen antiken Marmors. Die Farbnuancen einer Wiesenblume und die schlichte, ausgewogene Linienführung der einheimischen Architektur, das Lächeln auf dem Antlitz archaischer Statuen und auf den ruhigen, wettergegerbten Zügen eines Fischers, die Säulen eines Tempels und der kantige Zuschnitt eines Felsens passen in vollkommener Weise zueinander.

Mit dem Wort Meer verband sich in meinen Kinder- und Jugendtagen ein Schreckensbild. Meine heißgeliebte Lektüre über die Irrfahrten des Odysseus nährte diese Urangst noch zusätzlich. Meer, das bedeutete Überlebenskampf, hilfloses Ausgesetztsein, Tod, aber auch Leere und Monotonie. Ich verweigerte mich standhaft dem Element Wasser und dem Schwimmenlernen. Meine Mutter erzählte mir später, daß sie, als sie mit mir schwanger war, im Attersee fast ertrunken wäre. Vom Vollmond angezogen, schwamm sie eines Nachts immer weiter in den See hinaus und wäre nicht mehr zurückgekommen, wäre sie nicht aus dem Wasser gefischt worden.

Heute hege ich eine große Liebe zum Meer. Daran sind nicht zuletzt meine vielen Reisen durch die griechische Inselwelt schuld. Das Meer hat mich verzaubert durch seine elementare Schönheit, das ständige Wechselspiel von Licht und Farben, die Klarheit des Wassers. In der

Wer nicht auszuweichen vermag, lebt aus dem Bewahrenden. So erhalten sich die Traditionen vor allem über die Frauen

Ägäis gibt es keine Eintönigkeit und Plattheit. Dieses Meer ist eine lebendige, besiedelte Landschaft, geradezu einladend möbliert von Inseln. Wie eine Fingerübung Gottes für die Erschaffung der Kontinente liegen sie da. Von Künstlern kennen wir das: Oft sind die Entwürfe gelungenere Stücke als die Umsetzung ins großformatige Werk.

Die Erde als Konzentrat und Essenz, die Erde gerafft zum Aphorismus, das ist die Insel. Ein Mikrokosmos im Makrokosmos. Ein Teil nur, in dem doch das Ganze enthalten ist. Berge, Täler, Ebenen, Becken, Flüsse, Meer – alle Spielarten der Landschaft leben miteinander und durchdringen sich auf engstem Raum. Für Monotonie ist hier kein Platz. In der Intimität ihres Formats ist die Insel überschaubar. Sie läßt sich mit den Augen und Armen umfangen.

Wie ein Hafen in der Verlorenheit

Inseln sind wie ein Hafen in der Verlorenheit, ein Standpunkt im Flüssigen, die Manifestation des Bleibenden im ewigen Wechsel. Und Inseln halten Abstand zum festen Land. Das macht sie sowohl unabhängig als auch zu Außenseitern. Sie verhalten sich zum Kontinent wie das Individuum zur Masse. Daraus resultiert aber auch eine Isolation. Jeder Fortschritt auf dem Festland erreicht die Eilande erst mit Verzögerung. Das läßt sie rückständig erscheinen. Oder, so man will, »ursprünglicher«. Kein Zweifel, die Insel macht konservativ, denn sie unterstellt ihre Menschen den gleichen Notwendigkeiten wie die Bäume: Wo sie ihre Wurzeln nicht in die Weite strecken können, verankern sie sich in der Tiefe. Wer nicht auszuweichen vermag, lebt aus dem Bewahrenden. Dieses Bewahrende hat gleichzeitig etwas sehr Machtvolles. Nirgendwo sind Glaube und Aberglaube, ist die Macht der Mythen so lebendig

Er ist Seelentröster, Vater, Bruder und die rechte Hand Gottes in einem. Und manchmal muß er auch ausruhen

und stark wie auf Inseln. Seit jeher waren sie die Lieblingsplätze der Götter und Heroen. Kaum eine Insel, die nicht in mythisches Gold gefaßt wäre.

Nichts existiert auf der Insel im Plural – sie ist der Ort der kleinen Zahl. Oft hat sie nur ein Dorf, eine Taverne, sicher aber mehrere Kafenia sowie zahllose Kirchlein. Dort freilich kann man einander nicht ausweichen. So dichtes Beisammensein, das alles sichtbar macht, wird nur erträglich durch Toleranz. Und da auf der Insel Gesichter und Geschehnisse nur selten wechseln, münzt sich die mangelnde Quantität der Ereignisse in eine höhere Qualität der Begegnung um, erst recht gegenüber dem Fremden, der in den Alltag farbige Tupfer setzt.

Es sind weniger die Bewohner als »Xenos«, der Gast, der die Insel zum Paradies stempelt. Mit Vorliebe siedelten die Philosophen aller Zeiten ihre Utopien von einer guten und heilen Welt auf Eilanden an. Dichter erträumten sie als Garten Eden und Elysium. Die frühen Weltfahrer, Eroberer und Abenteurer fanden auch prompt auf ihnen, was sie erwarteten, und ließen es nicht an Zeugenschaft für die Inselseligkeit fehlen. Kaum anders heute, im Zeitalter des demokratischen Massentourismus, der nun auch die Insel zu einem Abladeplatz erkor. Die Zivilisationsmüden, Zeitkranken suchen sich ihr Eiland als Arche Noah, um die chronischen Alltagszwänge wenigstens vorübergehend abzuwerfen. Der Ortswechsel ist ein Zeitenwechsel. Er versetzt den Ägäisfahrer in einen Klärungsprozeß, der die Spreu vom Weizen sondert. Doch muß er aufpassen, daß er nicht einer Täuschung unterliegt. Denn Inseln sind Reparaturwerkstätten für Realisten, nicht für Romantiker. Auf ihnen findet sich, wer sich sucht, nicht, wer sich flieht.

Reparaturwerkstätten für Realisten

Kein Meer der Welt ist so reich an Inseln wie die Ägäis. Zwischen 2500 und 3000 zählt die Statistik, je nachdem, ob die einzelnen Felsen, die aus den Fluten aufragen, mitgerechnet werden. Aber nicht die Zahl wiegt allein, sondern der Charakter der Inseln, ihre Überlieferung und Geschichte. Die Dichtung erhebt auf Lesbos und Chios ihre Stimme: Sappho besingt die Liebe, Homer den Manneskampf; Delos rühmt das apollonische Licht. Und wenn Patmos den Namen des Offenbarers Johannes aufruft, so steht Kreta für den Göttervater Zeus und die Namen Europa, Minos, Theseus . . . All diese Inseln haben ihr eigenes Gesicht, jede ist eine Welt für sich in ihrer Landschaft und Lebensweise, in ihren Sitten und Traditionen. Und doch schlägt auf allen gemeinsam der Herzschlag der alten klassischen Welt.

Der Herzschlag der Ägäis.

Patmos – das Jerusalem im Meer

Ich, Johannes, euer Bruder und Gefährte in der Drangsal, befand mich auf der Insel, die da heißt Patmos, um des Wortes Gottes und des Zeugnisses Jesu willen. Ich wurde des Geistes voll am Tag des Herrn und hörte hinter mir eine Stimme wie von einer Posaune, die sprach: Ich bin das A und das O, der Anfang und das Ende ...
Johannes-Apokalypse

Wer den mystischen Zauber griechisch-orthodoxer Religion liebt, wer in die Seele dieses Volkes hineinschauen möchte, der sollte das Land zu Ostern besuchen. Nirgendwo wird das Fest aller Feste in solcher Intensität und eigenwilligen Mischung aus jahrhundertealten Bräuchen, tiefer Religiosität und mediterraner Lebensfreude gefeiert wie auf der heiligen Insel Patmos. Dorthin war ich unterwegs.

Nirgendwo ein Ankerplatz für die Zeit

Gründonnerstag morgen. Die Nacht draußen auf dem Meer war von unglaublicher Dichte. Eine Frühlingsnacht, umhaucht von der leichten Brise. Dunkle Ewigkeit aus Wasser und lichtfunkelndem Firmament. Die Zeit fand nirgendwo einen Ankerplatz. Das Auge, der äußeren Bilder beraubt, konnte auf der inneren Landkarte der Erfahrungswelten reisen, sich hineinbegeben in das Reich der mythischen Phantasie. Dieser Johannes dort drüben auf der Insel Patmos, jahrelang lebte er in einer lichtlosen Höhle, geschützt gegen alle äußeren Sinneswahrnehmungen. In ihrer Dunkelheit empfing er die Offenbarung, enthüllten sich ihm verborgene Zusammenhänge in gewaltigen Bildern und Worten. »Da wandte ich mich um, die Stimme zu sehen, die mit mir sprach. Und wie ich mich umgewandt hatte, sah ich sieben goldene Leuchter und inmitten der Leuchter einen gleich einem Menschensohn, angetan mit wallendem Gewand und um die Brust gegürtet mit goldenem Gürtel.«

Wer die Götter zu deutlich sieht, tut sich mit ihnen schwer. Das ist bereits in der »Ilias« beschrieben. Doch ich glaube, wer sie nicht sieht, hat niemals wirklich gelebt. Es sind die Dunkelheit und Abgeschiedenheit, die einem helfen, die Augen und Ohren zu öffnen, so daß man beginnen kann, metaphorisch zu hören und zu sehen, statt konkret. Es sind die düsteren und ausweglosen Stunden in unserem Leben, in denen die Stimme der Erlösung ertönt. Wenn alles schwarz erscheint – das ist der Augenblick, in dem die wirkliche Botschaft der Wandlung kommt. Im dunkelsten Augenblick kommt das Licht.

Jeder, der ein schöpferisches Werk schreibt, weiß, daß man sich öffnet, hingibt, und das Buch spricht zu einem und gestaltet sich selbst. Zu einem gewissen Grad wird man der Überträger von etwas, was man von anderswo erhält – von den Musen, wie viele es nennen, oder, in biblischer Sprache, von »Gott«. Es gibt bestimmte Zeit- und Ortsqualitäten, die geradezu belichtend auf die latenten Seelenbilder wirken. Sich in das Feld ihrer Schwingungen zu begeben, ist wie das Anschließen an eine Batterie. Sie setzt unsichtbare Energie in sichtbares Licht um. Ein physikalischer und geistiger Transformationsprozeß. Ostern und Patmos sind so eine Zeit- und Ortsqualität. Du fährst dorthin und kehrst als ein anderer zurück.

Die Sonne war bereits aufgegangen. Der Himmel hatte sich von zartem Hyazinth in strahlendes Blau verwandelt, da tauchte wie eine Fata Morgana über dem Wellenteppich Patmos auf. Eine Vision fern am Horizont, ein himmlisches Jerusalem im Meer. Steil, filigran, unwirklich. Ich sah die Insel wachsen und wuchtig werden. Vor mir lag die Hafenbucht, ein alter Vulkankrater, in dem sich die weißen Häuser von Skala dicht an dicht drängten. Dahinter erhob sich das Klostergebirge, kahl und felsig, von Zickzackwegen durchfurcht. Um den Gipfel schneeweißes Häusergewimmel: das Städtchen Chora. Auffallend die kykladische Architektur, hier, auf der nördlichsten Insel des Dodekanes. Kubistische Muster von Licht und Schatten, viereckige Häuser in einem das Auge blendenden Weiß. Die Häuschen schoben und stemmten sich gegen den Berg, als wollten sie Schutz suchen. Darüber thronte wie eine wahrhafte Festung Gottes das berühmte tausendjährige Kloster. Es schien aus dem Felsen gehauen, fensterlos fast und steingrau. Statische Schönheit, beängstigend bis zur Sprachlosigkeit. Völlig vergeistigt schwebte es zwischen Himmel und Erde. Dem irdischen Dasein abgewandt, auf dem Weg in höhere Sphären – zu Gott. Dieses Bild erinnerte mich an die tibetischen Felsenklöster und die Meteora-Klöster in Thessalien.

Skala, Chora und die Festung Gottes

Irgend etwas ganz typisch Griechisches fehlte, als die Fähre sich zwischen dem bunten Gewirr von Yachten und Fischerbooten ihren Anlegeplatz suchte. Sonst sammelten sich in den Häfen bei der Ankunft eines Schiffes Menschentrauben. »Jassu, kalos orisate – hallo, willkommen!« Jeder Fremde wurde mit Handschlag oder herzlichem Schulterklopfen begrüßt. Aber heute war der Kai wie ausgestorben, die angrenzende Tavernenstraße von Skala wie leergefegt. Schließlich erwischte ich in einer Nebengasse einen Taxifahrer. Er deutete hinauf zum Kloster. »Sie sind alle dort

Wie die Festung Gottes thront das tausendjährige Kloster über Patmos

oben, zur Fußwaschung.« Ich hatte es fast vergessen. Dieses Ritual der Fußwaschung Christi am Gründonnerstag gab es nur noch an zwei Plätzen auf der Welt: in Jerusalem und auf Patmos.

»Vor dem Paschafest, als Jesus erkannte, daß seine Zeit gekommen war, aus dieser Welt zu gehen . . . stand er vom Abendmahl auf, goß Wasser in ein Becken, fing an, den Jüngern die Füße zu waschen und trocknete sie mit dem Tuch, mit dem er sich umgürtet hatte« (Johannes 13, 1–20). Oben im Kloster war es der Abt, der seinen Mönchen die Füße wusch und damit vor aller Welt die Demut zeigte, die ihm sein Amt auferlegt.

Der Taxifahrer brachte mein Gepäck zum nahen Hotel, das den passenden Namen »Philoxenia« – »Gastfreundschaft« – trug. Dann machte ich mich zu Fuß auf den Weg zum Kloster. Patmos ist klein – gerade zwölf Kilometer lang und fünf Kilometer breit. Je höher ich kam, desto deutlicher konnte ich in die Falten der Insel hineinsehen.

Drei vulkanische Massive halten sie zusammen, deren mittleres mit dem Nord- und Südteil jeweils durch einen schmalen Isthmus verbunden ist. Lavafelsen, die in die Zeit hinausstarren, uralt, mit greisenhaftem Gesicht. Doch in diesen eingekerbten Zügen liegen gleichzeitig die Weisheit und Abgeklärtheit des Alters. Sie weiß um den ewigen Wandel, daß im Vergänglichen bereits der Same des Neubeginns liegt, dem Tod die Auferstehung folgt. Wo gestern noch alles kahl und ausgebrannt war, lag jetzt zartes Grün. Dicke, gelbblühende Margeritenbüschel säumten den alten, breitgetrabten Eselspfad. Der Duft wilder Kräuter umfing mich, und eine tiefe Zärtlichkeit stieg in mir auf beim Anblick der frischgeborenen Lämmer. Nichts rechtfertigte hier die Schreckensvision des nahenden Weltendes, wie Johannes sie in der Apokalypse empfing. Eher ließ sich an ein Paradiesgärtlein für Jesu sanften Lieblingsjünger denken, an einen Traum heiteren Friedens.

»Ich bin das Alpha und das Omega . . «

Auf einer griechischen Insel in griechisch für griechisch Sprechende geschrieben, atmet die Apokalypse nichts »Patmisches«. Allenfalls eine Stelle der Insel mochte Johannes vor Augen gewesen sein. Von seiner hohen Grottenkapelle läßt sich die Nordbucht des Hafens als Omega lesen, letzter Buchstabe des Alphabets. Und jenseits der sie begrenzenden Landzunge öffnet sich die Gegenbucht in Form eines Alpha, des Anfangs aller Buchstaben. Das Zusammenspiel beider Figuren, so beschwören es die Patmier, habe dem Evangelisten die Einleitungsformel zur Apokalypse eingegeben: »Ich bin das Alpha und das Omega, der Anfang und das Ende, spricht Gott der Herr . . .«

Mythos und Legende, ganz Patmos ist durchdrungen davon. Und natürlich steht in ihrem Zentrum der heilige Johannes. Im Hafenort Skala

»Ich bin das Alpha und das Omega ...« Die Patmier beschwören, der Apostel sei zu dieser Einleitungsformel inspiriert worden, weil sich die Nordbucht des Hafens, die er von seiner Grotte aus sehen konnte, wie ein Omega liest

liegen Steine, die einen Halbkreis bilden und das Becken gewesen sein sollen, in dem Johannes die Neubekehrten taufte. Und der Felsen an der Südspitze der Insel soll der Zauberer Knypos gewesen sein, den der Evangelist in Stein verwandelte. Seinen bösen Zauber, so heißt es, konnte er freilich nicht bannen. Der wirke heute noch fort. Doch die geistige Kraft des Offenbarers soll ausgereicht haben, um in Ephesos, auf dem kleinasiatischen Festland, einen Götzentempel zum Einsturz zu bringen. Nördlich von Patmos erhebt sich der Dreizackgipfel des Kerkis-Berges auf Samos weiß gegen den ägäischen Himmel. Die Legende erzählt, zu gewissen Jahreszeiten sei auf dem Kerkis ein seltsames Licht zu sehen. Das Volk von Patmos bringt es ebenfalls mit dem heiligen Johannes in Verbindung. Als ich einen jungen Mann danach fragte, grinste er mich an: »Morsezeichen aus dem Jenseits!«

Das Kloster Apokalypsis ruht an einem Hang

auf halbem Weg zum hochgelegenen Ort Chora. Es war Mittagszeit, als ich dort ankam. Ein offenes Tor, aber keine Menschenseele weit und breit. Heilige Stille und mystisches Halbdunkel empfingen mich in der Grotte der Offenbarung unterhalb des Klosters. Aus den Zweigen, die den Felsboden wie einen Teppich bedeckten, stieg der würzige Duft von Salbei und Thymian auf. Das Licht einer Öllampe zuckte über die Ikonen an den Wänden. Im Spiel der Flamme schienen die Heiligenbilder zum Leben zu erwachen. Doch auf meine Frage, wer denn dieser Johannes, dessen sprachgewaltige Visionen seit fast 2000 Jahren die Menschheit bewegen, nun wirklich gewesen sei, blieben sie stumm.

Wer war Johannes?

Fest steht wohl, daß er so um das Jahr 96 nach Christus durch Beschluß der römischen Gerichtsbehörden auf die öde Insel Patmos verbannt wurde wegen seines Bekenntnisses zur Sekte der Christen. Ein Wanderprediger könnte er gewesen sein, möglicherweise ein palästinensischer Jude, der wie viele andere nach der Zerstörung des Tempels in Jerusalem im Jahr 70 nach Syrien und Kleinasien geflüchtet war. Mit dem Lieblingsjünger Jesu, dem Apostel Johannes, sei er jedenfalls nicht gleichzusetzen, meinen übereinstimmend die Kommentatoren der Offenbarung. Zwanzig gelehrte Kommentare zur Johannes-Apokalypse aus den letzten 50 Jahren stehen in den Fachbibliotheken bereit. Die Apokalypse ist das letzte Buch der christlichen Bibel. Zwei bis drei Dutzend weitere Apokalypsen aus der Zeit zwischen 200 vor und 150 nach der Geburt Christi sind ebenfalls erhalten geblieben außerhalb der kanonischen biblischen Schriften der Juden und Christen.

Ich drang weiter in die Grotte ein. Im hinteren Teil, wo das von Kerzenruß geschwärzte purpurfarbene Porphyrgestein sich in eine lichtlose Höhe verwandelte, bar jeden Heiligenschmucks, war es leicht vorstellbar, wie Johannes nach langem Beten und Fasten seine Visionen vom Weltende empfing. Eingeschlossen in den feurigen Lavastein, gewinnen die manischen Bilder der Apokalypse eine ungeheure Kraft.

Die Apokalypse

Aus dem Felsen kriecht ein feuerroter Drache mit sieben Häuptern, Hörnern und Kronen, sechsfach geflügelt, den Leib mit Augen bedeckt. Mit einem einzigen Hieb seines Schwanzes fegt er die Sterne vom Firmament, wirft sie auf die Erde. Wasser, Luft, brennende Kristalle. Erdbeben. Feuer vom Himmel, Inseln verschwinden, ein großer Berg fährt brennend ins Meer. Das sind in diesem vulkanischen Teil der Ägäis Katastrophen, die sich immer, auch jetzt noch, ereignen. Erinnerung ist in jedem Geschlecht, kollektive Angst. Sah nicht Dürer die apokalyptischen Reiter in den Gewändern seiner eigenen Zeit? Seit die Menschheit ihr Sein durch Niederschriften bezeugt, ist auch die Angst vor dem Ende der Welt belegt.

»Die Götter werden gestürzt, und das Ende der Welt ist der Tod«, steht in der »Edda« geschrieben, jenem Werk der altisländischen Literatur, von dem wir wohl den größten Teil unseres Wissens über die Religion und Mythologie der vorchristlichen Wikinger beziehen. In ihren dramatischen Bildern vom Zeitenende galten nicht einmal die Götter als unsterblich. Als Richard Wagner seine Opern-Tetralogie »Der Ring des Nibelungen« komponierte, legte er ihr Themen der germanischen Mythologie zugrunde. Das letzte Werk dieses Zyklus nannte Wagner zuerst »Siegfrieds Tod« und dann »Götterdämmerung«. Am Ende des Musikdramas schickt er Götter und Heroen in den Flammentod. Doch der große

Brand, der die Gibichungenhalle zum Einsturz bringt und die Götterburg verzehrt, ist in den »Ring«-Inszenierungen jahrzehntelang falsch interpretiert worden. Unter dem Nachhall des Zweiten Weltkrieges und der Hiroshima-Bombe wurde, ähnlich wie in der »Edda«, der totale Weltuntergang heraufbeschworen. Wagners Regieanweisung zur Schlußszene lautet jedoch eindeutig: »Aus den Trümmern des Zusammenbruchs sehen Männer und Frauen in höchster Ergriffenheit dem wachsenden Feuerschein am Himmel zu.« Es gibt also ein überlebendes Volk, das die Chancen eines Neubeginns hat. Auch Wagner trug wohl in sich den Hoffnungsfunken der christlichen Apokalypse, die den ewigen Wandel und die Unsterblichkeit der menschlichen Seele bezeugt.

Seher, Propheten und die Endzeit

Seit Jahrtausenden beschwören Propheten, Medien, Seher und Schamanen die Endzeit. Das Buch Daniels im Alten Testament spricht davon, die mittelalterlichen Prophezeiungen eines Nostradamus und in der jüngeren Vergangenheit Swedenborg, Edgar Cayce und Maurice B. Cookes. Ich bezweifle, ob diese Endzeit jemals kommen wird. So spricht die Esoterik auch nicht von einer End-, sondern von einer Übergangszeit.

Bei näherer Untersuchung all der prophetischen gechannelten Literatur läßt sich folgende Gemeinsamkeit feststellen: Die Quellen stimmen in erstaunlicher Einmütigkeit darin überein, daß die Welt, wie wir sie kennen, noch vor Ende dieses Jahrtausends eine große Veränderung durchmachen wird. Daß die gegenwärtige Wirklichkeit im Rahmen schmerzlicher Umwandlung einem harmonischeren und liebevolleren spirituellen Zeitalter weichen wird. So kommt eigentlich deutlich zum Ausdruck, daß die bevorstehende Apokalypse in Wirklichkeit eine Veränderung sein wird, das Erwachen einer zunehmenden Zahl von Menschen zu deren gottgleichem Potential. »Die Saat Gottes ist in uns«, wie es Meister Eckhart ausdrückte. »Birnensamen wachsen zu Birnbäumen heran, Nußsamen zu Nußbäumen und Gottessamen zu Gott.«

»Was ist Ewigkeit?«

Ich blieb noch eine Weile in der Grotte und lehnte meinen Kopf an jene Stelle, die, umgeben mit einem in Silber gefaßten Heiligenschein, als das »Kopfkissen des heiligen Johannes« bezeichnet wird. Der Stein kühlte meinen Kopf, und die aufwühlenden, apokalyptischen Bilder wichen einer tiefen Ruhe. In die Stille hinein fielen wie Tropfen die letzten Worte der Johannes-Offenbarung: »Es wird keine Nacht mehr geben, und sie brauchen weder das Licht einer Lampe noch das Licht der Sonne. Denn der Herr, ihr Gott, wird über ihnen leuchten und sie werden herrschen in Ewigkeit.«

»Was ist Ewigkeit?« fragte ich. Die Antwort kam prompt: »Sie ist genau hier. Wenn du sie nicht hier und jetzt erfährst, wirst du sie auch nicht im Himmel erfahren. Der Himmel ist nicht ewig. Er ist unaufhörliche Zeit. Ewigkeit aber heißt überzeitlich. Erfahre die Ewigkeit, und du wirst das Einssein mit allem erfahren.«

Ich trat hinaus ins Freie. Licht! Alles lebte und atmete Licht. Heilendes, heiliges Licht. Licht, die älteste und durchdringendste Metapher spiritueller Erfahrung, leuchtete zugleich von innen und außen. Traum, Vision, wirklichkeitdurchdrungen von lichter Magie. Sie blühte wie aus Lilienkelchen hervor. Eine silbrige, sphärische Welt, gemacht aus der Bläue des Himmels, der Bläue des Meeres und dem dunkleren Blauhauch der Inseln. Die sanft geschwungenen Hügel um mich herum schienen zu tanzen. Unten im Hafen zog ein weißes Segelboot ein. Ein sicherer Hafen nicht nur für Schiffe, so empfand ich es, sondern auch für unruhige, suchende Herzen.

Von der Grotte des Johannes stieg ich über einen schmalen Weg hinauf zum Kloster Aghios Ioannis Theologos. Wie eine uneinnehmbare, von gewaltigen Mauern umringte Festung baute es sich über mir auf. Es strahlte eine Aura von Macht aus, einen unerschütterlichen Geist, der aus der Flamme seines fast tausendjährigen Bestehens genährt wird. Gegründet wurde dieses Bollwerk der griechisch-orthodoxen Kirche im Jahr 1088 von einem Abt namens Christodoulos. Der byzantinische Kaiser Alexios I. Komnenos hatte dem inzwischen seliggesprochenen Mönch die Insel Patmos zum Geschenk gemacht. Verbunden damit war die Auflage, ein Kloster darauf zu bauen.

Insel und Kloster erhielten einen Sonderstatus, dem von Athos vergleichbar. Ausgestattet mit

Das Kloster Aghios Ioannis – hier schrieb Johannes der Evangelist seine Offenbarung nieder

staatlicher Autonomie, befreit von allen Steuern und Dienstleistungen, im Besitz eigener Schiffe und Ländereien, erhöhte das Kloster im Laufe der Jahrhunderte noch seinen Rang durch die Errichtung einer Theologenschule im Jahr 1713. Patmos wurde zum Magnet für den Priesternachwuchs von Rußland bis zum koptischen Äthiopien. Solch frommer Ruf zog Stiftungen und Geschenke aus der östlichen Christenwelt nach sich. Sie machten das Kloster zu einem der reichsten in der griechisch-orthodoxen Kirche.

Ein Bollwerk des Glaubens

Je höher ich stieg, desto mehr wirkte das mit dem Felsen verwachsene Kloster wie ein unbezwingbares Schlachtschiff. Etwas Abweisendes, Kriegerisches ging von dem dicken, stirnrunzelnden Gemäuer aus. Wenig einladend auch der Zwingeraufgang und das wehrhafte Tor mit der Pechnase darüber. Es war unübersehbar, daß die siebzig Meter hohen Mauern nicht nur Frömmigkeit bargen, sondern einst ebenso dazu bestimmt waren, Seeräuber und Feinde abzuwehren.

Es war inzwischen Nachmittag geworden. Die Pforte des Klosters war noch für Besucher verschlossen. So ließ ich mich durch das Gassengewirr von Chora treiben. Wie Schwalbennester klebten die weißgekalkten Häuser an der Festung. Ich tauchte ein in Rundbögen und winzige Sträßchen. Treppenaufgänge zu Kapitäns- und Herrschaftsvillen, byzantinische Türen und Balkone, italienische Loggien, liebevolle Details, von Steinmetzen und Holzschnitzern der Kykladenarchitektur später hinzugefügt. Über die Mauern der winzigen Gärtchen flossen Hibiskusblüten, Oleander und Bougainvillea, und die schon gekalkten Kapellen und Kirchlein wärmten sich an der Frühlingssonne.

Sanft murmelnd wie ein Bach drang Gesang

von Mönchen mir entgegen, als ich später den Innenhof des Klosters betrat. Grausilbriger Schimmer über Säulen, Arkaden, Gängen. Ohne erkennbare Regel schien über viele Zeiten hinweg Neues auf Altes gesetzt. Antike Säulen ließen darauf schließen, daß hier einmal eine olympische Gottheit verehrt wurde. Christodoulos soll beim Bau des Klosters eine Artemis-Statue gefunden, sie zertrümmert und in die Fundamente eingefügt haben. – Ich betrat leise das Katholikon, die älteste der acht Klosterkapellen. Es war wie der Blick in ein mit Samt ausgeschlagenes Goldkästlein. Dunkelglühender Glanz. Mystische Wesen auf Ikonenbildern. Umrahmt von herrlichem Schnitzwerk, waren sie wie Tore zum Himmel. Kerzenrauch hatte sich auf die ganz mit Fresken überzogenen Wände gelegt. Von der Decke hingen Lüster herab, viele. Es war ein Gewisper kristallener Kanten. Betäubender Weihrauchduft erfüllte den warmgebeteten Raum. Das Kostbarste aber war das Licht. Es war ein purpurn ambrosischer Schein, der die Sicherheit gab, ganz und gar innen zu sein.

Im Katholikon

Draußen auf einer Steinbank saß halb in der Sonne, halb im Schatten ein Mönch. Sein weißes Haupthaar und der lange Bart umgaben ihn wie ein Heiligenschein. Ich setzte mich zu ihm. Als er merkte, daß ich griechisch sprach, wurde er munter. Er bot mir Wasser und Kaffee an, die schönste Geste griechischer Gastfreundschaft. Es stimmt wohl, was vielerorts behauptet wird: daß die Mönche von Patmos weltoffener, gebildeter, heiterer sind als der orthodoxe Klerus anderswo. Pater Panteleimon nahm mich am Arm und führte mich durch das Kloster. Obwohl ich mehrere Male wiederkam, begriff ich nie den verworrenen

»Psychis Iatreion« – »Heilstätte der Seele« – steht über der Bibliothekstür des patmischen Klosters. Es strahlt genau das aus

Grundriß dieser Gottesbastion. Über die Jahrhunderte meißelten verschiedene Baumeister die unterschiedlichsten Stilrichtungen in den Felsen. Treppen rauf, Stufen runter, unzählige Eingänge, ein Bienenkorb aus Kapellen, Refektorium Mönchszellen, Backstube, Küche, Lagerraum. Auch die einzelnen Dachbereiche waren durch Treppchen verbunden. Also wieder abwärts, um auf der anderen Seite erneut im Licht aufzutauchen. Ein schlichter weißer Glockenturm, die metallenen Münder hingen frei über dem Tal. Unter mir lag die gesamte Insel mit ihrer spielerisch verschlungenen Küstenlinie und den vielen vorgelagerten Eilanden. Hätte das Auge an ihnen nicht Halt gefunden, es wäre in der Bläue des Meeres ertrunken. Über der Bibliothekstür des Klosters steht geschrieben: »Psychis Iatreion« – »Heilstätte der Seele«. Dies könnte der ganzen Insel als Überschrift dienen.

Dank meiner freundlichen Beziehung zu Pater Panteleimon bekam ich sogar das Kostbarste des Klosters zu Gesicht. Ist schon das Museum für jeden Fremden eine Schatztruhe voller kostbarer Ikonen, Schriften, bestickter Gewänder und Mitren, Bischofsstäbe und herrlicher Meisterstücke byzantinischer Gold- und Silberschmiedekunst, so kommt der Bibliothek ein ganz besonderer Wert zu. Der Zutritt zu ihr ist dem Besucher verboten. Doch Pater Panteleimons Wort wirkte wie eine Zauberformel. Wir traten in einen riesigen Felsraum, der durch eine Klimaanlage ständig gleichbleibend kühl und trocken gehalten wird. Regale, angefüllt mit Büchern, Schriftrollen, Handschriften, Urkunden. Ich durfte die Bulle des Kaisers Komnenos entrollen. Drei Meter lang ist die Schenkungsurkunde für Christoudoulos. Rote Tinte auf kostbarem Pergament, ausgeschmückt mit Initialen und der goldenen Siegelbulle des Kaisers. Ich hielt das Buch Hiob aus dem 8. Jahrhundert in den Händen, Handschriften des Markus-Evangeliums aus dem 6. Jahrhundert. Purpurgefärbte Blätter, mit Silberbuchstaben beschrieben. Pergament, geglättet, fein mit schönen Miniaturen bemalt. Zeit- und Religionsgeschichte füllte das Felsengewölbe aus. Bilder und Worte, die nie mehr ihre Kraft verloren haben.

Die Bibliothek

Karfreitag. Eine seltsame Lethargie lag über Patmos. Die Ostervorbereitungen waren abgeschlossen. Die Häuser innen geputzt und außen neu geweißt, die Kuchen und Fladenbrote gebakken. Sprachlos und müde saßen Männer in den Kaffeehäusern herum. Sie wirkten ausgezehrt von der langen Fastenzeit, die auf der Insel streng eingehalten wird. In den Kirchen waren plötzlich alle Ikonen mit schwarzen Schleiern verhängt. Kinder zogen durch die Wiesen und sammelten Blumen für den Schmuck des Epithaphions, des symbolischen Leichentuchs Christi. Oben im Kloster sangen und beteten die Mönche. Für sie war es eine schlaflose Zeit. Bis zum Ostermontag würden sie ohne Unterbrechung die Messe lesen. Am Nachmittag und Abend wirkte die Insel wie ausgestorben. Ich nutzte die Zeit für einen Besuch des Frauenklosters Zoodochou Pigis, fuhr zur stillen Bucht von Agriolivadi mit der malerischen Winziginsel Aghia Thekla davor.

Schlaflose Zeit für die Mönche

Eine Stunde vor Mitternacht begannen sich die Straßen in Skala wieder zu beleben. Gerufen von den Glocken, versammelten sich die Menschen in den Kirchen. Die Wände der Gotteshäuser hallten wider von den Trauergesängen der Priester. Wenig später bewegten sich von allen Seiten Prozessionen auf den Hauptplatz des Hafenortes zu. Die Luft war erfüllt von Klageliedern und dem Geruch des Weihrauchs, den Frauen auf den von Bauern und Fischern getragenen Epithaphion versprengten. Noch spät in der Nacht hörte ich in meinem Hotelzimmer den endlos monotonen Singsang der Ortsältesten, die die »Klage der Muttergottes« rezitierten.

Christos anesti – die Auferstehungsfeier Christi in der Nacht von Ostersamstag zu Ostersonntag ist der Höhepunkt des wichtigsten religiösen Festes der Griechen. Als es zu dämmern begann, zogen die Patmier, herausgeputzt im feinsten Sonntagsstaat, hinauf zum Kloster. Ich war am Nachmittag gleich oben geblieben, hatte von meinem sonnigen Platz im Innenhof den Aufbau des Altars zwischen den antiken Säulen beobachtet. Pater Panteleimon brachte mir zwischendurch ein Glas Wasser, einen Kaffee und gefärbte Eier. Gemeinsam betraten wir die Seitenkapelle des Katholikons, wo in einem silbernen Schrein die sterbliche Hülle des Klostergründers ruht. Eine einzige Kerze brannte mit ruhiger Flamme vor der Christusikone an der Wand. Die silberbeschlagene Aura des Herrn glänzte auf. Ich versank in seinem unergründlichen Antlitz. Die Stimme von Pater Panteleimon schien von weit her zu kommen: »Siehst du, Kouklamou, wer die Seele kostbar macht wie ein goldenes Gefäß, muß erfahren, daß sie auch verletzlicher wird. Wer sein Herz an das Zarteste hängt, wird um so leichter verwundet; wer feinere Wünsche webt, wird schon von einem Windhauch bewegt.«

»Christos anesti«

Mittlerweile hatten sich Klosterhof und Kirche gefüllt. Dicht an dicht standen die Menschen. Viele Frauen hatten ihre Gesichter schwarz verhüllt, alle Köpfe waren ehrfurchtsvoll gebeugt, und die Kerzen ruhten still in den Händen. Das Katholikon platzte schier aus den Nähten. Wer drinnen keinen Platz fand, hörte die Messe draußen über Lautsprecher mit. Drei Stunden dauerte die Auferstehungs-Liturgie. Ich entsinne mich noch des Augenblicks um Mitternacht, als der Abt mit dem heiligen Feuer aus dem Altarraum kam. Die Menge hatte sich gegen die Ikonostase geschoben, im Hintergrund beschleunigte sich der Wechselgesang der Mönche. Alle Lichter verlöschten, der Abt senkte seine Kerze, und ich hörte ihn sagen: »Christos anesti – Christus ist auferstanden.« Unzählige Hände wurden erhoben, drängten zum Priester und entzündeten die Kerzen am heiligen Feuer. Gefolgt von den Mönchen, bewegte sich das Klosteroberhaupt nach draußen, stieg die Stufen zum Altar hoch. »Christos anesti.« Wie ein Fanfarenstoß klang seine Stimme. »Aliothos anesti – wahrhaftig, er ist auferstanden«, lachten und weinten gleichzeitig Hunderte von Stimmen.

Und dann brach mitten hinein in das Glockengeläute ein ohrenbetäubender Lärm los. Leuchtraketen stiegen auf, Kracher, Knallfrösche und Donnerschläge explodierten. Jugendliche setzten selbstgebastelte Dynamitstäbe in Brand, warfen sie johlend und lachend in die Menschenmenge. Kinder weinten, Frauen schrien. Viele versuchten sich über Treppen aus der drangvollen Enge zu retten. Direkt neben mir krachte eine Dynamitstange los. Mein Oberschenkel fühlte sich glühend heiß an, und der Mantel zeigte einen häßlichen Brandfleck. – Christus ist auferstanden? »Nein, das ist Krieg«, schoß es mir durch den Kopf. Wie schnell konnte die Flamme des Glaubens in dummen Eifer und Fanatismus umschlagen!

Ich wußte nicht, woher er kam. Aber plötzlich stand Pater Panteleimon neben mir. Er schien nicht beunruhigt über das, was hier geschah. »Christos anesti«, sagte er leise und legte seine Hand auf meine Schulter. »So ist das nun mal. Aber bedenke, es ist wichtiger, mit dem Herzen zu sehen als mit den Augen. Wer den Krieg gewinnen will, darf den Frieden nicht verlieren.«

Samos – Tyrannen, Mütter und Gelehrte

Er stand auf seines Daches Zinnen
und schaute mit vergnügten Sinnen
auf das beherrschte Samos hin.
»Dies alles ist mir untertänig«,
begann er zu Ägyptens König,
»gestehe, daß ich glücklich bin.«
Friedrich Schiller, »Ring des Polykrates«

Die versteckte Warnung

Es war um das Jahr 1780. Da saß ein junger Mann namens Friedrich Schiller eingekerkert auf der Feste Hohenasperg im Württembergischen und schrieb sich die Seele frei. Die ganze Wut richtete sich gegen seinen Herrn, den Herzog Karl Eugen, der das Land wie ein Despot regierte. Doch er nannte ihn nicht beim Namen, sondern suchte sich dessen geschichtliches Ebenbild, den berühmten Tyrannen Polykrates, der in der Antike die Insel Samos beherrschte. Groß war sein Ruhm, sagenhaft sein Reichtum und seine Verschwendungssucht und grauenvoll sein Ende. » . . . Des Lebens ungemischte Freude ward keinem Irdischen zuteil . . .«, diese verschlüsselte Warnung wollte Friedrich Schiller wohl Herzog Eugen zukommen lassen.

Schiller hat Samos nie gesehen, doch er konnte durch die Überlieferungen des Geschichtsschreibers Herodot den Geist erfassen, der zu polykratischer Zeit auf der Insel herrschte. Samos war zu Beginn des sechsten Jahrhunderts vor unserer Ära eine der blühendsten Inseln Ioniens. Die Reede seines Hafens öffnete sich auf die gegenüberliegenden violetten Berge des üppigen Kleinasien, von wo aller Luxus und alle Verführungen kamen. Auf dem grünen, bergigen Ufer einer weiten Bucht breitete sich die Stadt amphitheatergleich aus, am Fuß eines Berges hingelagert, den ein Tempel des Neptun krönte. Sie wurde von den Säulengängen eines herrlichen Palastes überragt. Dort herrschte der Tyrann Polykrates. Nachdem er die Insel ihrer Freiheiten beraubt hatte, gab er ihr den Luxus der Künste und einer asiatischen Prachtentfaltung. Von ihm berufene lesbische Hetären hatten sich in einem benachbarten Palast niedergelassen. Sie luden die jungen Leute der Insel zu Festen ein, und bei Musik, Tanz und Trinkgelagen gaben sie ihnen Unterricht in den raffiniertesten Spielen der Liebe.

Der Tyrann und das Genie von Samos

In einer dieser schwülen, wonnevollen Nächte saß ein junger Mann unter den Blättern eines Kaktuswaldes, unweit des Tempels der Hera. Der Vollmond fiel auf dessen dorische Fassade und ließ seine mystische Majestät noch mehr hervortreten. Die Papyrusrolle mit einem Gesang Homers war schon lange zu seinen Füßen heruntergeglitten. Aus dem Palast von Polykrates drang orgiastischer Lärm zu ihm. Sein Herz war mit Trauer und Wut erfüllt über die Maßlosigkeit und Tyrannei des Herrschers. Für ihn war seine Heimat Samos ein vergoldetes, aber erdrückendes Gefängnis. In dieser Nacht faßte Pythagoras, Sohn eines reichen Ringhändlers, den Entschluß, Samos zu verlassen.

Schiller und Pythagoras – 2300 Jahre liegen zwischen diesen beiden großen Männern. Und doch verbindet sie viel. Unbestechlich, unbeirrbar gingen sie ihren Weg als stille Revolutionäre und Reformer.

Nach vierunddreißig Jahren der Abwesenheit kehrte Pythagoras nach Samos zurück. In den Tempeln Ägyptens, unter dem Pontifikat des Hohenpriesters Sonchis, hatte er sich einweihen lassen. Dort ergründete er die hohe Mathematik, die Wissenschaft der Zahlen und der universellen Prinzipien, die er später zum Mittelpunkt seines Systems machte. In Babylon war er eingedrungen in die Arkana der antiken Magie, trug in sich das Erbe der Chaldäer, Zoroasters, der jüdischen und persischen Religion. Nach diesen Jahren wußte der Sohn von Samos mehr als alle seine Lehrer der Physik und mehr als irgendein Grieche seiner Zeit. Er hatte alles erfahren über die Vergangenheit der Religionen, über die Geschichte der Kontinente und der Rassen. Er hatte die Vor- und Nachteile des jüdischen Monotheismus, des griechischen Polytheismus, des indischen Trinitarismus und des persischen Dualismus vergleichen können. Und er wußte, daß all diese Religionen Strahlen derselben Wahrheit waren. Er besaß den Schlüssel, die Synthese aller Lehren der esoterischen Wissenschaft. Die Entdeckung bestimmter rationaler Zahlenverhältnisse in der Natur führte Pythagoras zu der Lehre, daß das Wesen der Wirklichkeit die Zahl sei. Ein ganzes Weltbild ist in dem pythagoreischen Lehrsatz $a^2 + b^2 = c^2$ enthalten, den heute noch jedes Schulkind lernt.

Insel der großen Gelehrten

Die großen Gelehrten von Samos, von fern nur noch dringt ihr Wissen in unsere Zeit hinein. Pythagoras, der seine esoterische Lehre nur in geheimen Zeichen und symbolischer Form niederschrieb. Sein wirkliches Wissen bestand, wie dasjenige aller großen Reformatoren, im mündlichen Unterricht. Aristarchos, der bedeutende Astronom – er sann unter dem klaren Nachthimmel von Samos über die Natur des Weltalls nach und war der erste, der die Entfernungen von Sonne, Mond und Erde bestimmen konnte. Kanon, der Mathematiker, befaßte sich mit der Kegelschnittlehre und dem Auf- und Untergang von

Fixsternen und Sonnenfinsternissen. Der Philosoph Epikur, der in seinen Lehrbriefen eine Philosophie aufzeigte, die dem Menschen ein glückseliges Leben ermöglichen sollte. Rhoikos, der große Baumeister, unter dessen Leitung der Hera-Tempel, eines der Weltwunder der Antike, entstand. Theodorus, der geniale Bildhauer und Gemmenschneider – seine Arbeiten schmückten den Tempel von Delphi und die Hälse und Finger gekrönter Häupter. Koleos, der Seefahrer, der als erster durch die Meerenge von Gibraltar zwischen den Säulen des Herkules durchfuhr. Und schließlich Herodot, der manche Jahre auf Samos lebte und dem wir es verdanken, daß viel Geschichtliches aus der Antike lebendig erhalten blieb. So scheint bei einem Besuch der ostägäischen Insel die Vergangenheit lebendig in die Gegenwart hinein.

Samos gehört zu den grünsten griechischen Inseln. In die Berge kuscheln sich kleine Dörfer

Kleine Stadt mit großem Namen

Die mittelmeerische Bläue der Ägäis, dieses Meer mit Tiefe und Färbung, das den Himmel in sich trinkt und wiedergibt, hielt den kreisrunden Hafen von Pythagorion eng umschlungen. Die *Nissos Kalymnos* schob sich vorsichtig zwischen den bunten Kaikis und Segelyachten, die wie Blütenblätter auf dem Wasser schaukelten, hindurch zum Kai. Die Mole, an der wir festmachten, war frisch betoniert. Doch darunter ruhten die Fundamente der antiken Hafenanlage, von Polykrates vor zweieinhalbtausend Jahren erbaut. Wie verzaubert alles wirkte an diesem lichtvollen Frühlingstag! Die verschachtelten Häuser am Hang mit ihren roten Ziegeldächern, die oleandergesäumten, schmalen Gäßchen. Und dahinter das dunkle, satte Grün der bewaldeten Berge. Am Kai drängten sich Tavernen und Pubs. Ihre gelben Sonnensegel waren aufgespannt, aber nur wenige Lokale schienen bereits offen zu sein. Die Besitzer hatten die Stühle vom letzten Jahr herausgeholt und strichen sie im kräftigen Blau des Himmels. Fischer flickten ihre Netze, und ein paar Kätzchen wärmten sich eng aneinandergeschmiegt in der Sonne. Hier atmete alles den Augenblick, war still, schön und unsagbar friedvoll. Diese Handvoll Eindrücke paßte zu dem großen Inselsohn, dessen Namen die kleine Stadt trug und dem im Leben nichts wichtiger war, als die Einheit des großen Ganzen zu finden: Pythagoras.

Aber da waren noch andere Bilder, schwach nur und doch erkennbar. Mauerwälle, zerborstene Türme und Tore. Bilder vergänglichen Glücks und Reichtums. Das Samos des Polykrates. Er, der Tyrann, der Listige, Grausame, der Glücksspieler und Mäzen schöner Künste und Wissenschaften, er schaffte in einem Jahrzehnt, wovon andere Herrscher ihr Leben lang träumten: Samos und sich selbst zum Herrscher der Meere zu machen. Alle seine Feldzüge waren siegreich, jede seiner Unternehmungen war von Erfolg gekrönt. Seine Flotte und sein Heer waren weithin gefürchtet. Er kämpfte unterschiedslos gegen jeden und pflegte zu sagen, ein Freund sei dankbarer, wenn er ihm zurückgebe, was er ihm genommen habe, als wenn er ihn in Frieden lasse und ihm nie etwas wegnähme. Er eroberte viele Inseln und auch eine Anzahl von Städten auf dem Festland. Seinem Samos schenkte er die drei größten Bauten der griechischen Welt: die gigantische Hafenanlage, als technisches Wunderwerk den Eupalinos-Tunnel und den Tempel der Hera. Ganz Griechenland sah, hier war ein Besessener des Glücks. Die Götter schienen einmal zeigen zu wollen, wie weit sie es kommen ließen im irdischen Glück, eine irdische Zeitlang. Und alle fragten, wie lange noch? Polykrates, der die Götter nicht eifersüchtig machen wollte, opferte ihnen draußen im Meer seinen liebsten Smaragdring. So unwahrscheinlich aber war sein Glück, daß er von einem Fischer zurückbekam, was er absichtlich weggeworfen. Die Götter sind unbestechlich, das mußte auch der Tyrann erfahren.

Der Besessene des Glücks

Fern überm Meer leuchteten im violetten Schein die Hügelzüge des kleinasiatischen Festlandes. Dort oben auf dem Gipfel des Mykale-Berges, gegenüber seiner Insel, wurde Polykrates mit dem Kopf nach unten ans Kreuz geschlagen. Ein scheinbar unbesiegbarer Herrscher, von den Persern feige in eine Falle gelockt, starb einen schmachvollen, unwürdigen Tod.

»Wer auf sein Reiseprogramm mehrere Inseln setzt, beginne nicht mit Samos, er käme dort nicht mehr weg. Denn Samos versammelt alle ägäischen Schönheiten: die innige Umarmung von Land und See, das Wechselspiel von Höhe und Tiefe, dichtes Grün und nackte Felsgewalt, schattige Sandstrände, kettenförmig aneinandergereiht, und immer wieder den freien Blick nach Osten in die getürmte Bergwelt des nahen Kleinasiens, nach Süden und Westen zu den inselbestückten Weiten der griechischen See.« Johannes Gaitanides, dem wohl nichts Griechisches fremd war, schrieb das vor vielen Jahren. Ich begann bereits seine Warnung zu verstehen, als ich über die Hügel wanderte, die Pythagorion umgaben. Von oben waren sie mir weitaus lieber als von innen. Dieser dunkelfeuchte Höhlengang durch den Astypalea-Hügel, das Durchwaten von modrigem Wasser, es war kaum mehr als ein Pflichtgang. Hier unter der Erde im fahlen Schein der Taschenlampe versuchte ich mir vorzustellen, wie sich Heerscharen von Arbeitern vor 2500 Jahren maulwurfsgleich in die Tiefe gruben, um ein Tunnelsystem vom Ambelos-Berg bis in die Stadt Samos zu legen. Sechs Jahre wurde am Eupalinos-Tunnel gebaut, dessen Sinn es war, die 25 000 Einwohner der Hafenstadt mit Wasser zu versorgen. Der tausend Meter lange Stollen wurde von beiden Seiten des Bergs gleichzeitig begonnen. So genau waren damals bereits die Berechnungen des Baumeisters Eupalinos, daß man sich beim Aufeinandertreffen nur um vier Meter verfehlte. Was leicht zu korrigieren war. Die Wasserleitung funktionierte bis in die spätrömische Zeit. Während der Araber- und Perserüberfälle benutzten die Bewohner der Insel den Stollen als Fluchtburg.

Der Tunnel

Reiches, glückliches, besungenes und bedichtetes Samos. Auf dem Hang, den ich bis hinunter zum Meer übersah, suchte ich nach Zeichen des alten Glanzes. Nichts war mehr da. Nichts außer

Trümmerfeld der Jahrtausende

spärlichen Mauerresten, die sich hügelauf, hügelab zogen. Das alte Theater, nur eine Wunde im Berg. Und drüben die Ruine am Steilabsturz zum Meer, war sie die mächtige Tyrannenburg? Nein, nur ein in aller Eile errichtetes Kastell, das genauso schnell wieder verfiel. Es diente als Verteidigungsanlage während der Freiheitskriege gegen die Türken zwischen 1822 und 1824. Zeit um Zeit aufeinandergetürmt. Prähistorisches unter ionischen Säulentrommeln und byzantinischen Baufragmenten. Hinsinken von Tempeln und Palästen. Neues wurde darübergebaut. Auch das holte die Vergänglichkeit sich zurück. Unter den Mauerresten einer dreischiffigen Basilika des 5. Jahrhunderts die Fundamente der römischen Kaiserresidenz, in der Antonius und Kleopatra, Augustus und Tiberius die Sommermonate verbrachten. Ein undefinierbares Trümmerfeld der Jahrtausende. Am oberen Zug der antiken Stadtmauer stand eine von Zypressen umschirmte Klosterkapelle: die auf einem alten Höhlenheiligtum erbaute Kirche Panaghia Spiliani. Aus dem Inneren hörte ich eine flehende Frauenstimme: »Panaghia, heilige Muttergottes, hilf.« Ich stieg die Stufen hinab zu der Höhle. Vor der Marienikone brannten ein paar Kerzen. Durch die Zeit hindurch sah ich andere Bilder. Pythia, die alte Priesterin, saß dort auf einem Dreifuß und deutete das Orakel.

Frühlingsland, von der Natur neu geboren. Rotglühende Mohnfelder, rosazarter Lavendel, Mandelblüte. Wilde Anemonen und sauber gepflanzte Geranienbeete. Aus den Bäumen leuchteten die ungepflückten Orangen des vergangenen Jahres. An denselben Ästen sprangen die jungen, frischen Blüten auf und verbreiteten ihren süßschweren Duft. Unter mir weitete sich grün eine Schwemmlandebene. Weibliches, fruchtbares Land. Göttinnenland. Seit uralten Zeiten. Eine einzige marmorne Säule ragte zwischen Meer und Sumpf an der Mündung des Imbrasos-Flusses auf. Einsames, weithin sichtbares Zeichen des Tempels der Hera.

In einer Kultlandschaft

Vor 5000 Jahren war die Niederung, durch die ich nun lief, schon heiliger, angebeteter Boden. Eine Kultlandschaft, wasserreich und üppig. Die Bewohner sahen die verschwenderische Natur, und es schien ihnen, als ob hier ein überirdisches Wesen wirkte, eine Urmutter, die hier zu Hause war. Zu jener Zeit machten die Menschen sich noch kein Bild von den Göttern. Es waren Teile der Natur – eine Quelle, eine Grotte, ein Stein –, durch die Gottheiten verehrt wurden. Vor allem Bäume waren den Menschen heilig. In ihnen symbolisierte sich die Kraft der Götter. Sie galten als »Sinnbild des Lebens, der Jugend und Erkenntnis, als Lebensbaum und Weltenbaum«. Zu Apollon gehörte der Lorbeer, die Eiche schrieb man Zeus zu, der Ölbaum war Athene geweiht. Bei den Ausgrabungen des Heraions fanden Archäologen unter der Pflasterung des frühesten archaischen Altarplatzes einen mächtigen Lygosstamm, jenen Keuschlammbaum, »der gleich der Weide die feuchten Niederungen liebt und im Sommer violette, weiße und rosafarbene Blütenkerzen setzt«. Ein paar Tage nur lagen Baumstumpf und Kultplatz frei, bis sie wieder in das schlammige Grundwasser eintauchten. Und mit ihnen versanken die kurz belichteten Bilder aus uralten Zeiten. Die Rufe und Beschwörungen der Priesterinnen. Opferrituale und ekstatische Tänze. Hingabe und Geöffnetsein zur göttlichen Erscheinung. Der Augenblick der Vision und das Einswerden mit allem.

»Es gibt keinen Grund, die Göttin am Kultbaum . . . nicht Hera zu nennen«. Wie immer sie damals auch geheißen haben mag: Dieser Ort mit dem Baum, an dem die Bewohner gebetet und geopfert hatten, wo ihre Geschichte mit dem Wind verwehte, »blieb die Kultstätte, und das spätere Heiligtum nahm dort seinen Anfang«. Es muß so um das 1. Jahrtausend vor Christus gewesen sein, als die weibliche Urmuttergottheit auf Samos ihre Metamorphose erfuhr. In dieser Zeit formten sich in der griechischen Welt Göttervorstellungen, die persönliche Wesenszüge, »Stammbaum und Lebensgeschichte bekamen«. Auf dem Olymp lebte die Götterfamilie, mit Zeus an der Spitze. »Die Götter wurden Bruder und Schwester, Vater und Mutter, Sohn und Tochter. Götter, Dämonen, Heroen und Menschen traten in ein Ordnungsfeld miteinander.« Im Zuge dieser Entwicklung nahm auch die naturhafte Göttin auf Samos »neue Wesenszüge« an. Als die Ionier um 1000 vor Christus die Insel kolonialisierten, fanden sie am Kultplatz ein merkwürdiges, von Lygoszweigen umwundenes Holzstück vor und sahen darin ein von Götterhand geschaffenes Bildnis der Hera. Das Holzbild gab ihnen die Gewißheit, daß Hera hier unterm Lygosbaum geboren war und im heiligen Bezirk Wohnstatt genommen hatte. Sie bauten an dem schlichten Opferplatz mit Altar einen ersten hölzernen Tempel und verehrten dort das Kultbild der großen Göttin.

Göttliche Metamorphose auf Samos

Alljährlich im Hochsommer, »wenn der Lygos blühte und Sirius, der Hundsstern, am südöstlichen Horizont auftauchte, feierten die Samier die ›Heraia‹: das Fest von Heras Flucht und Wiederauffindung«. Der samische Historiker Menodotes hat uns dazu folgende Kultlegende hinterlassen:

»Admete, die Tochter des Eurysteus« aus Argos, mußte aus ihrer Heimat fliehen, und nach langen Irrwegen gelangte sie nach Samos. Hier schaute sie in der Epiphanie die Göttin Hera. Als Dank für die Errettung wurde sie Priesterin im Heraion. »Um Admete Böses anzutun, verschleppten Seeräuber das Holzbild der Göttin auf ihr Schiff.« Doch die Ruder des Schiffes ließen sich bei der Abfahrt nicht mehr bewegen. Die Diebe sahen darin ein böses Omen, »legten das Bild an den Strand und fuhren geängstigt davon«. Die Priesterinnen fanden tags darauf das Holzstück. In dem Glauben, es »sei von selbst davongelaufen, lehnten sie es an einen Lygosstrauch ... und umwickelten es« von allen Seiten mit Ruten. »Admete aber löste die Umschnürung, reinigte das Bild und stellte es wieder auf den Sockel« zurück. Dieses mythische Geschehen verkörperte sich alljährlich im Fest der Heraia. Es war gleichzeitig die Wiedergeburt der Göttin als Jungfrau, die sich in Bad und Speisung des Kultbildes symbolisierte.

Das Fest der mythischen Vermählung

»Im Frühling, zur Zeit des Ehemonats, in dem die meisten Hochzeiten gefeiert wurden«, beging man auf Samos den »Hieros Gamos«, die mythische Vermählung von Hera und Zeus. »Die Hochzeit des Götterpaares ... wurde alljährlich vollzogen, war Vorbild aller Menschenverbindungen, und jede irdische Hochzeit galt als Verwirklichung des göttlichen Vorbilds.« Wie wundervoll war einst wohl dieser heilige Platz am Meer! Wie wasserreich und üppig in seiner frühlingshaften Blütenpracht. Hera, die bräutliche Göttin, gekleidet in herrliche Gewänder, umgeben von Liebeszauber und Hochzeitsmusik. In jedem Jahrhundert wurden der Schmuck und die Gewänder der Göttin prunkvoller, die Weihgaben der Pilger kostbarer. Der Ruhm der samischen Hera, Hüterin der Jungfräulichkeit und Beschützerin der Ehe, verbreitete sich in der gesamten griechischen, asiatischen und ägyptischen Welt.

Ein Weltwunder der Antike

Der Altar im ersten Holztempel des 8. vorchristlichen Jahrhunderts erhielt immer neue und feinere Ummantelungen. Aus ihm erwuchs ein zweiter, großer Ringhallentempel. Das Samos des 6. Jahrhunderts war gekennzeichnet von wirtschaftlicher Blüte, und man beschloß, Hera einen Tempel zu bauen, der alles übertreffen sollte, was die damalige Welt kannte. So entstand unter den berühmten Baumeistern und Erzgießern Rhoikos und Theodoros ein weiteres Weltwunder des Altertums, der erste ionische Kolossaltempel. Ein marmorner Kosmos der Göttin, »ein Labyrinth« von Säulen im Licht, dem riesigen Altar, der in Stein gemeißelten Bilderwelt von Göttern, Menschen und Tieren, dem »Hermes-Aphrodite-Tempel« und dem zweiten, dem Geschwisterpaar Apollon und Artemis geweihten. Doch nicht genug der Größe und Vollkommenheit. Kurz nach seiner Machtergreifung ließ Polykrates bedenkenlos den gewaltigen Rhoikos-Bau abtragen, um Raum für einen noch gewaltigeren Tempel zu

Rekonstruktion des Hera-Tempels auf Samos

schaffen. »Er bestimmte auch die Größe. Mit 52,45 mal 108,63 Meter sollte er der größte seiner Zeit werden. Die Größe ist ionisches Maß und Tyrannenmaß.« Doch dieses letzte Heiligtum fand niemals Vollendung. Dreihundert Jahre wurde an dem Tempel gebaut, der Bau weitergeführt noch bis in römische Zeit. Dann blieb der Kolossalbau liegen und diente schon bald als Steinbruch. An die Stelle des Hera-Heiligtums trat im fünften nachchristlichen Jahrhundert eine der Muttergottes geweihte frühchristliche Basilika.

Heute »ist alles eingestürzt«. Eine grenzenlose Ruinenstätte in wilder, sumpfiger Landschaft. »Von einigen Bauten haben sich Fundamente und aufragendes Mauerwerk erhalten«, das Geviert des Tempelgrundrisses, »ein paar Quader, Kapitelle, Säulenschäfte, . . . Standspuren von Statuen«. Von der ganzen Pracht des Hera-Tempels ist an der Oberfläche nur diese einzige, durch die Jahrhunderte hinweg aufrecht stehende Säule erhalten geblieben. Eine Ahnung von Unsterblichkeit, aber auch von Einsamkeit. Großes, Erhabenes, Göttliches macht immer einsam. Aber das Leben ringsum ist Fülle. Frühlingsrausch, Duft, Blühen, aufspringende Ähren. Im Wind wiegende Schilfrohre, sonnige Getreidefelder am Ufersaum. Das Meer, hingeworfen im sanften Schwung. Aus der Erde dringen die Kräfte der Mutter- und Fruchtbarkeitsgöttin. Hera ist wiedergeboren. Vom Ursprung der universellen Essenz ist niemals etwas verlorengegangen.

In der Hauptstadt

Ich fuhr hinüber nach Samos-Vathy, der heutigen Inselhauptstadt. Bilderbuch-Griechenland aus der Vogelperspektive. Samtblau lief das Meer in die weite, hufeisenförmige Bucht. Hinter der Uferpromenade zogen sich die Häuser der Altstadt den Hang hinauf. Ein origineller Wirrwarr, verschachtelt und verwinkelt, ohne Plan und Maß gebaut. Hier zeigte sich die Leidenschaft der Griechen, alles, nur nicht uniform zu sein. Tage später plagte mich noch der Muskelkater von dem Auf- und Abklettern durch die schmalen Gäßchen. Hübsch waren sie anzusehen, die altersschiefen Häuschen mit den vorragenden Obergeschossen und den anatolischen Holzerkern. Die Neustadt von Samos wirkte sehr kosmopolitisch und ganz auf Tourismus eingestellt. Das Hafenviertel mit seinen vielen Tavernen, Cafés, den Agenturen und Souvenirläden.

Noch einmal erwachte die Alte Welt in ihrem ganzen Glanz zu neuem Leben im Archäologischen Museum von Samos. Von der Fülle der Schatzhäuser des Hera-Tempels, den kostbaren Weihgaben unter freiem Himmel, von den Statuen, Trophäen, Reliefs, Inschriften, Weihgeräten, Waffen aus Bronze, Marmor, Silber und Gold, die vornehmlich den Prozessionsweg zum Heiligtum säumten, hier im Museum konnte ich mir ein Bild davon machen. Die leeren Sockel im Tempelgeviert – nichts weiter als ein abgeräumtes Bühnenbild der Geschichte. Doch hier, das archaische Lächeln der Statuen, herrlicher, marmorner Faltenwurf, Körper wie Fackeln, die berühmte Genelos-Gruppe, der bronzene Reiter, die elfenbeinerne Jünglingsfigur. Und als Krönung der Koloß von Samos. Seinetwegen mußte das Museum vergrößert werden. Es handelt sich bei ihm um einen monumentalen, ursprünglich circa fünf Meter hohen Kuros aus blaugeädertem Marmor, den ein samischer Künstler um 570 vor Christus geschaffen hat. Die Archäologen fanden zunächst nördlich der heiligen Straße des Heraions seinen Torso, den sie mit Fragmenten aus früheren Gra-

Samos-Vathy – Inselhauptstadt in bezaubernder Lage

bungskampagnen ergänzen konnten. 1986 tauchte der Kopf auf. Da steht er nun in seiner heldenmütigen Größe. Ein Mensch, der Göttin dargebracht. Ein statisches Meisterwerk. Vier Tonnen schwer. Er ist der größte voll ausgearbeitete Marmorkuros der griechischen Antike.

Eine Reise durch Samos, das ist ein Arm voller Bilder, gepflückt von der Wiese Welt. Die Fahrt entlang der Nordküste. Erinnerungen an Korfu. Rechts das Meer, türkisblau schimmernd. Links die Täler, die sich zwischen hohe Berge einfalteten. Füllhörner, darin gesammelt der berühmte samische Wein. In jungem Grün zogen sich die Reben hügelauf, hügelab. Dazwischen Feigenbäume, Oliven, leuchtend gelbe Ginsterfelder, schneeflockengleich die Apfelbaumblüte. Ich saß an einem Hang inmitten duftender Wiesenblumen. Mit Himmelblau hineingetupft die vielen Bienenkästen. Unten in der Talsenke ein kleines, weißes Kloster – ein kontemplativer Lichtpunkt, der Augen und Gedanken zur Ruhe kommen ließ.

Vourliotes

Weiter hinauf in die Berge und immer begleitet von Zypressen, die wie Gottesfinger in den Himmel ragten. Oben, am höchsten Punkt das Dorf Vourliotes. Gassen so steil und eng, daß kein Auto hindurchfahren konnte. Der Blick durch gestickte Fenstervorhänge in winzige Wohnstuben und Innenhöfe voller Blumentöpfe. Der kleine Dorfplatz mit der obligatorischen Platane, eine Miniaturtaverne. Davor ein paar alte Männer, die runzeligen Gesichter der Frühlingssonne entgegengestreckt. Ab und zu spürte ich ihre lebenserfahrenen Augen verwundert auf mir ruhen. Hier, gelehnt an die warme Steinmauer, das Heft auf den Knien, fiel mir das Schreiben leicht.

Immer will ich schreiben gegen die Schwerkraft des Herzens. Will nachweisen, daß die Welt einen Sinn hat und das Menschenleben irgendwo ein Ziel. Will zeigen, daß irgendwann alles gut ausgeht und jeder so lebt, wie er es sich einmal vorgestellt hat. Doch oft, das spüre ich, klingt mein Plädoyer für das Leben matt. Statt souveräner Rede stottere ich nur. Die Menschen um mich herum scheinen es besser zu wissen. Jeder redet schneller und eleganter vom Unglück und der Ausweglosigkeit unseres Daseins. Wie ich dann schrumpfe! Wie recht doch die anderen haben. Jeder Blick auf die kaputte Erde beflügelt sie, jede Nahaufnahme beschädigten Lebens gibt ihnen tausendmal recht. Der portugiesische Dichter Fernando Pessoa spricht davon, daß wir zwei Leben haben: »Eines, das wir träumen. Und ein anderes, das uns ins Grab bringt.«

Hier oben aber, in der zeitlosen Stille, flossen mir die Worte aus dem Herzen. Hier war alles einfach und schön. Jeder Baum, jedes Haus, alles, was ich sah und erfühlte, schien eine letzte Wahrheit erlangt zu haben. Es war ein Dichterort. Einer, der mich zu der widerruflichen Gewißheit führte, daß das Leben schön ist und ein endgültiges Urteil noch aussteht.

Im Nachtigallental

Der erste Regen auf meiner Frühlingsreise durch die Ägäis. Die dicken Tropfen klopften nieder auf das dichte Blätterdach der Bäume im Nachtigallental. Einsamkeit, Hochwald, tiefe Schluchten und herabstürzende Bäche. Und durch das Wipfel- und Regenrauschen drang der jubelnde Gesang einer Nachtigall. Von irgendwoher antwortete das Echo. Ich stieg zwischen dichtstehenden Steineichen, Kiefern und Lorbeerbäumen auf schmalen Trampelpfaden bergan, bahnte mir meinen Weg zwischen Farn und Unterholz. Der flechten- und moosüberwachsene Boden verströmte seinen würzigen Duft. Das undurchdringliche Grün um mich herum war erfüllt von vielstimmigen Geräuschen, einem Chor der Natur, von der warmen Feuchtigkeit ringsum zum Klingen gebracht.

Der Regen ließ nach, und die Wolken schoben sich auseinander, so daß ein wenig Sonne hervorschaute. Sofort lächelte die Erde, noch in Tränen gebadet. Und mit dem Sonnenlicht wölbte sich leicht ein zarter Regenbogen, der den Himmel wieder mit der nassen Erde versöhnte. Derselbe Regenbogen spannte sich auch über das Bergdorf Monolates am Rande des Nachtigallentals. Häuser schmiegten sich buntbemalt an graue Felsen, hingen über den Abgründen, zerbrechlich wie

Wie eine Puppenstube klammert sich das kleine Bergdorf Monolates auf Samos an die Felsen des Nachtigallentals

Puppenstuben. Frieden, Ruhe und die Weisheit des Alters beherrschten den Ort. Eine entrückte, fast unwirkliche Welt. Ich blickte in Gesichter, in die das Leben tiefe Furchen gegraben hatte. Alte, wissende Gesichter, die mich ehrfürchtig machten und schweigen ließen.

Samos besitzt vieles im Überfluß. Auch Klöster. Zwei davon sind mir besonders in Erinnerung geblieben. Meghali Panaghia, das Kloster der Großen Allheiligen, ragte wie eine Festung aus den Bergen, herrlich und hoch zwischen Welt und Himmel. Noch einmal tauchte aus der Tiefe der Zeit die vielgestaltige Muttergöttin auf. Diesmal als Artemis, die Schwester des Helios-Apollon und Tochter des Zeus. Inmitten von Zypressen, Kiefern und Ölbäumen, zu Füßen die fruchtbare Ebene Kampos Choras, lag einst ihr Heiligtum. Und wie an so vielen Orten der Welt wurde auch hier über einen vergessenen Kultplatz viele Jahrhunderte später, ohne Wissen um das Alte, ein neues Heiligtum aufgebaut. Die Kraft solcher Plätze, die von der Erde gebundene Mythenwelt, wirkt überall weiter. Sie bekommt andere Namen, andere Formen und Gestalten, aber die Essenz bleibt immer dieselbe. An diesen Plätzen zu verweilen, zu schweigen, zu lauschen, läßt uns in den weiten Raum unserer eigenen Seelenbilder eintreten. Hier, in der lebendigen Gestalt der Landschaft, offenbarte sich das Wesen der Artemis. Sie verkörpert im Mythos die Gottheit der Revolutionäre und zugleich die Göttin des wahrhaftigen Priestertums. Fortwährend der höchsten Idee zugewandt, brennt in ihr unauslöschlich das heilige Feuer der Vestalin.

Eintreten in den Raum eigener Seelenbilder

Eine geheimnisvolle Flamme war es auch, die über dem Artemis-Heiligtum im 16. Jahrhundert ein Kloster entstehen ließ. Zwei Mönche vom gegenüberliegenden kleinasiatischen Festland sahen auf Samos immer wieder ein seltsames Feuer aufleuchten und ließen sich von ihm bis zur alten Kultstätte leiten. Dort fanden sie eine Marienikone und nahmen sie mit. Als sich das Bildnis auf geheimnisvolle Weise an seinen Fundort zurückbegab, wurde den Mönchen klar, daß dies ein Zeichen der Gottesmutter war, ihr ein Haus zu bauen. So entstand im Laufe der nächsten Jahrhunderte neben der Kirche ein großes Kloster. Mönche, die vom Berg Athos kamen, schmückten

Zeitverloren in Feenlandschaften liegen die vielen Klöster von Samos

es mit kostbaren Freskenmalereien, die auch heute noch gut erhalten sind. Der Reichtum des Klosters muß bedeutend gewesen sein. Die Legende erzählt, daß bei einem Brand der Schatzkammer des Klosters so viele goldene und silberne Gegenstände geschmolzen seien, daß sie sich in einem glänzenden Fluß zu Tal ergossen.

Zoodochos Pigis heißt übersetzt »Quelle des Lebens«. Einen passenderen Namen hätte man für das Kloster an der östlichen Spitze von Samos kaum finden können. Ich lief zu Fuß hinauf zum schmalen Bergrücken hoch über dem Meer und fühlte mich dabei wie ein Pilger auf dem Weg vom Kopf ins Herz. Fast schmeckte ich den herben Duft der Kiefern. Zwischen ihren Stämmen leuchtete das Meer. Es war, als hätten die Götter mit vollen Händen Schönheit und Träume in die blaue griechische See geworfen. Der Klosterbau droben war ein vorgeschobener Ostpunkt des Abendlandes. Hinter der hohen Schutzmauer öffnete sich der blütenreiche Klosterhof. Zwischen den schönen Pflastersteinen schritten gertenschlanke Zypressen in einer Prozession. Der hundertjährige Rosenstrauch trieb seine junge Blüten dem lebenspendenden Brunnen entgegen. Ich saß da, fühlte mich unglaublich geborgen von den Mauern der Mönchszellen und inmitten der waldumrauschten Einsamkeit. In der Tür der dreischiffigen Kreuzkuppelkirche erschien eine schwarze Gestalt. Eine milde, altersbrüchige Stimme erklang: »Sei willkommen.« Makarios hieß er, der letzte, einzige Mönch des Klosters. Er führte mich in die Herzkammer des Gotteshauses und ließ mich eine Kerze anzünden. Im warmen Halbdunkel leuchtete das prachtvolle Silberrelief der Klosterikone Zoodochos Pigis auf. Und auf dem kostbaren Schnitzwerk der Ikonostase wandelten Jesus und seine Apostel in immer neuen Bildern durch das Kirchenjahr. Makarios wies auf die vier altgriechischen Tempelsäulen, die das Gewölbe der Kuppel trugen. »Ein Wunder, es war ein Wunder«, murmelte er vor sich hin. Später erfuhr ich, daß diese Säulen aus Milet hierhergebracht wurden. Ihr Transport zu dem hochgelegenen Kloster schien unmöglich. Doch wie der Glaube Berge versetzen kann, so schafften es auch die inbrünstigen Gebete der Samier. Es war, erzählt die Legende, als hätten die Säulen Flügel bekommen.

In der »Quelle des Lebens«

Über dem Kloster wölbte sich hoch die Kuppe des waldigen Vorgebirges auf. Oben auf der Spitze sah ich über die Baumkronen hinweg weit über die Insel, über das Meer und über die Küste, die drüben dem Meer entstieg. Das anatolische Ufer war nur einen Muezzinruf entfernt. Es war die engste Stelle, die irgendwo griechische Inseln vom Festland trennt. Dort also war Asien. Der Anfang eines neuen Erdteils. Das herrliche Ephesos, die glanzvollste aller antiken Stätten des Abendlandes, zum Greifen nahe. Halikarnassos und Knidos, das mächtige Smyrna und das spätblühende Pergamon, auch Troja schien nicht fern. Und dort das Vorgebirge Mykale, braunrötlich und kahl. Polykrates ans Kreuz geschlagen. Polykrates ohne Glück, kein Polykrates mehr. Langsam ging die Sonne unter, rollte schwer hinab in die Unterwelt. Das Meer wurde leer, leer, so weit ich es sah.

In diesem Kapitel nimmt die Autorin Bezug auf »Das griechische Heiligtum, dargestellt am Heraion von Samos« von Hans Walter, Stuttgart 1992. Wörtliche Zitate sind als solche gekennzeichnet.

Ikaria – Meer der Tränen, Wein der Götter

Auf Dionysos, den efeubekränzten, heb ich mein Lied an!
Heil dir auch, Dionysos, Traubenbeladener!
Laß uns die Jahreszeiten in Freude noch einmal erleben, doch nach den Jahreszeiten noch viele weitere Jahre!
Homerischer Hymnos 26, An Dionysos

Urweltlust – das Erbe Dionysos'

Am Dienstag nach Ostern verließ ich Patmos aufgewühlt, total übernächtigt und vollgestopft wie eine Weihnachtsgans. Spuren meiner Tage auf der heiligen Insel. Ich hatte es hautnah erlebt: Das Griechische in seiner ganzen urwüchsigen Kraft kennt kein Mittelmaß. Die Auferstehungsfeier Christi. Der schöne, fast fanatische Glaube. Glühende Herzen und verklärte Gesichter. Die innere Flamme brennt wie ein loderndes Feuer. Das Echo im Außen ist die Lust des Leiblichen. Urweltlust. Das dionysische Erbe. Die trunkenen Sinne. Festgelage ohne Ende. Weinselige, schlaflose Nächte. Duftwolken von Knoblauch, Basilikum, Thymian und gegrilltem Lammfleisch. Bouzoukiklänge und heißgetanzte Füße. Vom Taumel der Nacht in die Helle des Tages und wieder zurückgleiten in die Wollust der Dunkelheit. Herausgenommensein aus der Zeit. Und endlich, fast wie eine Erlösung, das Aufheulen der Schiffssirene. Bleischwere Abschiedsumarmungen, ouzoatmende Küsse. Der Wind auf dem offenen Meer zaust die Haare. Der Nebel im Kopf beginnt sich zu lichten. Das ungestüme Klopfen des Herzens beruhigt sich allmählich.

Ich freute mich auf Ikaria, auf ein paar stille, erholsame Tage. Die nordostägäische Insel, geographisch den Südlichen Sporaden zugeordnet, liegt abseits des großen Touristenstroms und wird wenig besucht. Dieses Schicksal war ihr schon im Altertum beschieden. Die fehlenden Buchten und Hafenbecken boten den Seefahrern keinen Schutz vor den stürmischen Winden, und so ließen sie Ikaria auf der Fahrt zwischen Ionien und dem griechischen Festland links liegen. Schon der Geograph Strabon nannte Ikaria »Alimenos, die Hafenlose«, und Homer verglich in der Ilias den wütenden Aufstand im Lager der Achäer mit dem Ikarischen Meer:

»Stürmisch erhob sich das Volk, wie gewaltige Wogen des Meeres auf der ikarischen Flut, die mächtig der Ost- und der Südwind aufregt . . .«

Eben noch durchpflügte unser Schiff ruhig und beharrlich die blauschimmernde Unendlichkeit, als plötzlich große Wellen auf uns zurollten. Der Kapitän mußte den Kurs wechseln und die Insel von Süden her anlaufen. Schroff und abweisend türmten sich vor uns kahle Felsriesen auf. Stein und Licht. Hochgebirge im Meer. Dort! Der Kapitän wies auf eine Klippe, die wie eine Schwinge aus der Gischt aufragte. Ihre Starrheit hatte etwas von mythischem Heldengesang. Daidalos und Ikaros. Der uralte Menschheitstraum vom Fliegen. Die Sehnsucht, sich wie die Seele über den Körper zu erheben. Zeitlos, raumlos, endlos zu sein. Der Mut zur großen, freien Bewegung und der Über-Mut. Das Verbrennen an den überhöhten Wünschen, der Verlust des eigenen Leuchtens und zuletzt der Tod.

Ein Gebirge im Meer

Der Name Ikaria würde weder uns noch den alten Griechen vertraut sein, wenn nicht der junge Ikaros, Sohn des legendären Daidalos, in das die

Insel umgebende Meer gestürzt wäre, das ebenfalls nach ihm das Ikarische genannt wurde. Als einer der berühmtesten Künstler seiner Zeit lebte Daidalos auf Kreta am Hofe des Königs Minos. Für ihn baute er das Labyrinth, in dem der Minotauros versteckt gehalten wurde. Beim König in Ungnade gefallen, sann Daidalos im Gefängnis nach einem Fluchtweg für sich und seinen Sohn. »Wenn ich nicht wie ein Fisch durchs Meer schwimmen kann, so will ich wie ein Vogel durch die Lüfte fliegen«, dachte der Vater und baute für sich und Ikaros aus Vogelfedern große Schwingen, die mit Bändern und Wachs aneinander befestigt waren. Vor dem Abflug mahnte er seinen Sohn: »Fliege weder zu hoch, damit die Sonne nicht das Wachs schmelze, noch lasse dich zu tief herab, damit nicht das Meer die Federn benetze.« So banden sie sich die Schwingen um und flogen mit mächtigen Flügelschlägen über das weite Meer. Die Inseln Naxos, Paros und Delos blieben unter ihnen, und Ikaros überkam die Freude des leichtbeschwingten Fliegens wie ein Rausch. Im lachenden Übermut vergaß er die Warnung des Vaters und stieg höher und höher der Sonne entgegen. Als Daidalos zurückschaute, war sein Sohn verschwunden. In der Sonnenglut war das Wachs geschmolzen. Die Flügel hatten sich aufgelöst, und Ikaros war hilflos ins Meer gestürzt. In unsagbarem Schmerz lenkte Daidalos seinen Flug abwärts. Seine Tränen flossen unablässig und wühlten die See auf. Tage später wurde der Leichnam des Sohnes an den Strand der Insel gespült, die fortan Ikaria hieß.

Wie eine Insel zu ihrem Namen kam

Scharrend und knirschend legte unser Schiff an der grauen Betonmole von Aghios Kirikos an. Sie wirkte ebensowenig einladend wie das modernhäßliche Ikaros-Denkmal, die staubigen Schleier des Zementwerkes und die kargen Bergriesen ringsum. Nein, Liebe auf den ersten Blick war Ikaria wirklich nicht. Daran konnten auch die bunten Kapitänshäuser und die runden, roten Ziegelhauben der Bischofskirche des kleinen Hafenortes nichts ändern. Daß ich mich dennoch unsterblich in diese Insel verliebte, verdanke ich »ihm«. Er stand wie das Inbild des Gottes Dionysos an der Hafenmole. Unübersehbar in seiner großen, kräftigen Gestalt, unüberhörbar mit seiner dröhnenden, dunklen Stimme. Sein bärtiges Gesicht wirkte fast maskenhaft, obwohl es ständig in Bewegung war. Er dirigierte vollbeladene Kisten vom Schiff in einen altersschwachen Lieferwagen.

Ikaria lebt noch ganz sich selbst – selten nur verirren sich Fremde hierher

Später sah ich ihn wieder in der kleinen Taverne am Hafen, bei Jirgos. Er saß umringt von einigen Männern an einem klapprigen Blechtisch und spielte Tavli. Ich sprach die Gruppe an, fragte, wo

man hier ein Auto leihen könne. »Drüben in Evdilos, auf der anderen Seite der Insel!« Er bot mir an, mich mitzunehmen. Dann stand er auf, machte einen etwas ungelenken Diener und stellte sich vor: »Meine Name ist Dionysos ... Vassily Dionysos.« Ich mußte ihn angestarrt haben wie ein von der Schlange gebanntes Kaninchen, denn er zupfte nervös an seinem Bart und erzählte irgend etwas von seinem Auto, das zwar verwahrlost aussähe, uns aber sicher zum Ziel bringen würde.

Die Inkarnation eines Gottes

Ahnte er es nicht? Hatte er niemals in den Spiegel geschaut? Sah nur ich in ihm das lebendige Alter ego des Gottes Dionysos? Jenes sterblich-unsterblichen, sinnlich-wahnsinnigen, männlich-weiblichen, sich dreifach offenbarenden Gottes, der zur zentralen Figur einer ekstatischen Religion geworden war? Dionysos – vom Mythos sowohl mit göttlichen als auch niederen, menschlichen Kräften versehen. Der strahlende Geist, die lebendige Vernunft, der Weise, leuchtend als Sonne im unwandelbaren Äther. Und der leibliche Dionysos, Spender aller Fruchtbarkeit, das Frühlingserwachen, der Gott des Weines und der Natur schlechthin. In seinem Gefolge die Nymphen der Quellen, Flüsse, Berge, Wälder, die Kentauren und die Satyrn, mit denen er lärmend und zechend durch die Lande zog. Und Dionysos, der Dunkle, Unterirdische, halb Ziegenbock, halb Mensch, ein Frevler, Rächer und rasender Dämon. Es gibt kaum eine mythologische Gottheit, die so viele Wesenszüge, Gestalten und Namen trägt wie der wandelbare Dionysos. Die orphische Theologie, deren Hauptgott er war, nannte ihn Zagreus, »Jäger«, und machte ihn zu einem Sohn des Zeus und der Persephone. Er hieß genauso Bakchos, der »Sproß«, wie Oinos, »Wein«.

Oinoi – »Weininsel«, diesen Namen hatte auch

Ikaria in der Antike. Die Mythologie beschreibt zwar Naxos als Geburtsstätte von Dionysos, die Ikarioten aber schwören, ihre Insel sei die Heimat des Gottes. »Als die Göttinnen ihn, den Vielgepriesenen, großgezogen hatten«, erzählt der homerische Hymnus, »siehe, da schwärmte er umher in den waldreichen Schluchten und Tälern, mit Efeu und Lorbeer dicht bekränzt. Es folgten ihm die Nymphen; er aber eilte voran, und schallendes Toben erfüllte den weiten Wald.«

Und jetzt stand hier Vassily wie eine Inkarnation des Weingottes vor mir und hieß auch noch Dionysos! Seine vielen Geschichten, die er mir im Laufe der nächsten Tage erzählte, klangen so authentisch, als hätte er sie alle selbst erlebt. Immer schickte er ihnen voraus, er sei der größte und phantastischste Lügner der Welt – doch was er auch sage, es sei die lautere Wahrheit.

Im Atheras-Gebirge

Dionysos eilte mir voran zum Auto. Ich folgte ihm etwas verwirrt. Wir fuhren los. Anstelle von hymnischem Gesang begleitete uns das lärmende Geknatter des gebrochenen Auspuffs. Die einzige asphaltierte Straße der Insel kurvte hinter Aghios Kirikos steil hinauf in das Atheras-Gebirge. Vor uns zerklüftete Bergrücken, gleichsam von Riesen nach dem Spiel gelangweilt ins Wasser geworfen. Wie David gegen Goliath stemmte sich unser müdes Gefährt der Felslandschaft entgegen. In jeder Kurve jaulte der Motor auf. Es klang wie ein Siegesschrei. Aghios Kirikos lag bereits weit unter uns, ein Haufen bunter Spielzeughäuser am Rande des Meeres. Und gleich daneben, nur durch eine Felsnase getrennt, Therma. Die radioaktiven warmen Schwefelquellen des Kurortes waren einst in der gesamten Ägäis berühmt. Wie in der Antike sprudeln sie auch heute noch, helfen gegen Gicht, Rheuma und Arthritis. Doch das »Baden-Baden« von Ikaria wirkt reichlich heruntergekommen. Nur mit sehr gesunder Psyche sollte man in den engen, petroleumbeleuchteten Felshöhlen ein Schwefeldampfbad nehmen.

Hinter Therma ragte wie ein steinernes Segel aus der silberglitzernden See die Insel Fourni auf. Dort gibt es nur Schlangen und Kaninchen. Ein Verbannungsort. Wie ehemals Ikaria. Irgendwann, als aus dem weinspendenden Oinoi das »17. Thema im Aigion Pelagos« geworden war, ein unbedeutendes Eiland im Verwaltungsbezirk der Byzantiner, diente es in Ungnade gefallenen Mitgliedern der kaiserlichen Familie als Exil. Viel spätere griechische Regierungen setzten diese unliebsame Tradition fort und schickten im großen Stil politische Gegner hierher, was bis heute deutliche Spuren hinterlassen hat. Denn die 7000 Ikarioten gehören zu den eigenwilligsten und politisch fortschrittlichsten Griechen. Vieles ist hier anders als im übrigen Hellas. Wo sonst Wände mit lautstarken, politischen Parolen verschmiert sind, haben Kinder auf die Mauern der Straßenbegrenzungen Bilder gemalt. Friedensbilder. Bunte Appelle gegen Atom und Nuklearwaffen. Menschen, die sich die Weltkugel umspannend an den Händen halten. »Rettet unsere Erde«, steht in großen Lettern darunter. Über die Gleichberechtigung der Geschlechter wird in Ikaria nicht gesprochen. Sie ist wie selbstverständlich da. Die Frauen sitzen genau wie die Männer in den Kafenia, rauchen, trinken, spielen Karten und diskutieren lautstark über Politik. Die wenigen Fremden, die hierherkommen, man akzeptiert sie. Aber es wird kein Aufhebens um sie gemacht. Keine Straßen und Luxushotels werden für sie gebaut, keine Souvenirgeschäfte eingerichtet. Keine Freundlichkeit, die man sich nicht auch

Insel der Verbannten – Insel des politischen Fortschritts

untereinander gäbe. Ikaria den Ikarioten. »Wenn du hier sein willst, dann sei wie wir!« Ihre Heimatliebe schreiben die Inselbewohner den wilden Kräutern des Atheras-Gebirges zu. Wer von ihnen gegessen hat, so heißt es, kehre immer wieder nach Ikaria zurück.

War ich es, die noch vor wenigen Minuten gesagt hatte, Ikaria sei eine felsige, abweisende Einöde? Über unzählige Kehren und Schleifen hatten wir fast den Gipfel der Insel erreicht. Hier, auf 1000 Metern Höhe, wehte ein eisiger Wind. Und unter uns, gefaltet wie Hände zum Gebet, lag eine atemberaubende Landschaft. Hügel, Täler, Terrassen, Bäche und Wasserfälle, die sich dem Meer entgegenstürzten. Wo immer zwischen grauglänzendem Schiefergestein Erde ablagerte, waren Berge und Schluchten von Kiefern, Pinien, Zypressen und Eukalyptus bedeckt. Gelbe Ginsterwälder und zartrosa blühende Macchia-Röschen. Vom kräftigen Nordwind niedergedrückte Wacholderbäume und zerzauste Palmen. Mühevoll hochgezogene Steinmauern schützten die Obst- und Gemüsegärten in den Falten der Hügel.

Im harten Boden der Erde, in den Olivenhainen und Weinterrassen wurde mit emsigem Fleiß und bäuerlicher Beharrlichkeit gearbeitet. Tugenden, die so unmittelbar neben der Leidenschaft dieses Volkes zum Nichtstun wohnen. Ich suchte nach den Dörfern, deren Ortsnamen auf der Karte verzeichnet waren. Was ich sah, waren einzelne Häusergruppen, die dicht aneinandergedrängt die Berge hinaufkrochen und unterwegs bei ihrer Wanderung wohl steckengeblieben waren.

Die zweistündige Fahrt war ein Schwingen und Kreisen über Gebirgsrücken, Höhen und Täler. Über mir Falken, Adler und aufflatternde Rebhühner, vor und unter mir froschquakende Weiher, wilde Bergziegen, kleine Friedhöfe, so still und verzaubert, daß man darauf begraben sein möchte. Drüben, im Süden, sah ich am Ende von Schluchten weiße Strände aufleuchten. Und immer wieder neue Ausblicke aufs Meer. Im blauklar seidigen Licht waren deutlich die Umrisse von Samos und Patmos zu erkennen. Ich hätte stundenlang weiterdrehen und -kreisen können über diese Insel, die aus der Höhe aussah wie ein ausgebreiteter Flügel. Wie ein Drachenflieger mich hineingleiten lassen in die wasserreichen Schluchten und vom Aufwind hinauftragen lassen auf die stürmischen Berggipfel.

Die Geschichte einer unglücklichen Liebe

Wir hatten gerade wieder eine gehörige Steigung hinter uns, da stoppte Dionysos plötzlich. Er stieg aus, öffnete mir galant die quietschende Tür und wies mit weitausholender Gebärde auf das Tal zu unseren Füßen. Es war, als wollte er mir sein Königreich zu Füßen legen. Perdiki, das Tal, in dem der Wein wächst, den sich schon die olympischen Götter munden ließen. Und dann erzählte er mir die traurigschöne Geschichte von Dionysos und Aphrodite, ihrer flammenden Liebesnacht dort unten am Bach zwischen Moos und blühendem Oleander. Als der junge Gott am nächsten Morgen erwachte, hatte die Schaumgeborene ihn schnöde verlassen. Die bitteren Tränen, die der Unglückliche vergoß, tropften auf die fruchtbare Erde und ließen die ersten Weinreben sprießen. Er aber, versteinert vor Schmerz, weint immer noch, schloß Dionysos und zeigte hinüber zum Gipfel des Berges Pramos. Die letzten Sonnenstrahlen zeichneten seinen Umriß scharf gegen den Abendhimmel ab. Es sah aus, als läge dort ein bärtiger, schmerzerfüllter Mann.

Später saßen wir bei Isidoro, dem freundlichen

So rauh und unwirtlich, wie sich Ikaria von außen gibt, so grün und vielseitig ist es im Innern

Tavernenwirt am Hafen von Evdilos. Er schenkte ihn aus, den rotbraunen, erdig-würzigen Ikariawein, den heute nur noch die Bauern für sich keltern. Der Halbliterkrug kostete neunzig Pfennig. Dionysos ließ den Wein in sich hineinlaufen wie ein Faß ohne Boden und lachte ... lachte Tränen. Doch er war keineswegs betrunken. Er schien mir eher eine eigenartige Verwandlung durchzumachen. Nach einer langen, schweigsamen Weile fragte er mit einer Stimme von weit her: »Weißt du um das Mysterium vom Tod und der Auferstehung des Dionysos?« Noch im Neinsagen spürte ich, wie sich ein Schleier vor meinem inneren Auge wegzuziehen begann.

»Eines Tages schaute Dionysos, sich hinabbeugend aus dem himmlischen Palast seines Vaters Zeus, auf die Abgründe der Erde. Dort sah er sein eigenes Bild widergespiegelt, das ihm die Arme entgegenstreckte. Hingerissen von seinem eigenen Doppelwesen stürzte er hinunter, um es zu ergreifen. Aber das Bild floh, floh immer weiter und zog ihn hinab in die Tiefe. Endlich fand er sich in einem schattigen, duftenden Tal und genoß die sanften Liebkosungen einer wollüstigen Brise. In einer Grotte erblickte er Persephone. Vor der göttlichen Jungfrau blieb er entzückt stehen. In diesem Augenblick sahen ihn die stolzen Titanen und die freien Titaniden. Die ersten neidisch um seine Schönheit, die anderen von Liebesrausch ergriffen, warfen sich auf ihn wie tobende Elemente und rissen ihn in Stücke. Sie kochten seine Glieder und begruben sein Herz. Zeus zerschmetterte die Titanen, und Athene brachte das Herz von Dionysos in den Äther zurück. Er wurde dort eine flammende Sonne. Die Menschen sind das Fleisch und Blut von Dionysos. Seine zerstreuten Glieder, die einander suchen, indem sie sich winden in Schmerz und Liebe, in Haß und Trauer, durch viele Existenzen hindurch. Ihre Seelen aber steigen zum Himmel empor, zum funkelnden Herz von Dionysos. Gott stirbt in uns, in uns steht er wieder auf.«

Das Mysterium vom Tod und der Auferstehung eines Gottes

Wir gingen in die Nacht hinaus, wanderten zum benachbarten Strand. Klein und bleich lag er im Mondlicht da. Vom Berg hörte ich das Wasser hinunterrauschen. Direkt im Sand hatte sich ein Süßwassertümpel gebildet. Wind war aufgekommen. Hoch und sirrend war sein Ton, wie von einer Panflöte geblasen. Hinter mir in der Waldschlucht raschelte und knackte es. Dort in der wilden Natur hausten mit Vorliebe die Gefährten von Dionysos. Die Satyrn, neckische Kobolde, die Menschen mutwillig schreckten und mit bocksartigen Sprüngen den Mainaden und Nymphen nachstellten. Die Kentauren, jene doppelgestaltigen Berg- und Walddämonen, rauhe Natursöhne von wilder, ungestümer, übermütiger Art. Die Oreaden, Napaien und Dryaden, sie alle schienen sich in dieser Nacht unsichtbar um uns geschart zu haben. Dionysos stand lauschend da und lächelte. Der Mond hatte einen Lorbeerkranz aus goldenem Licht um seinen Kopf gewunden.

Am nächsten Morgen fehlte mir jegliche Erinnerung, wie ich in die kleine Pension Maria Heleni gekommen war. Über mir stapelten sich schwere Wolldecken, und die Matratze unter mir hing durch wie ein alter Mehlsack. Mühsam rollte ich mich aus dem Bett, tappte schlaftrunken über den eiskalten Steinfußboden zum Bad. Sein Luxus erschöpfte sich in einer winzigen Toilettenschüssel mit einem Duschkopf darüber. Dafür war das Frühstück zwischen Nippesfiguren und Kanonenofen um so opulenter. Maria Heleni, die Wirtin, tischte auf, als wollte sie mit einer einzigen Mahlzeit ihre ganze Leibesfülle an mich heranfüttern. Und dann war Dionysos auch schon wieder da. Er schien alle Zeit dieser Welt zu haben. Wir fuhren nur ein kurzes Stück hinauf zum kleinen Dorf Kampos. Eine Handvoll alter, schiefergedeckter Steinhäuser inmitten fruchtbarer Gärten. Ihre Hauswände bildeten ein vielfarbiges Mosaik, zusammengesetzt aus antiken Marmorplatten, Kieselsteinen und Granitstücken. Hier befand sich das Reich von Dionysos. Sein etwas heruntergekommener Krämerladen, in dem es von Ziegenfellrucksäcken über Babynahrung und vergilbten Postkarten bis hin zu Nähnadeln und Schnürsenkeln so ziemlich alles gab, was ein Mensch zum Überleben brauchte. Und gleich nebenan das Dorfmuseum, als dessen Verwalter sich Dionysos stolz ausgab. Er führte mich herum, erklärte mir jede Inschrift auf den Grabstelen aus dem 4. und 5. vorchristlichen Jahrhundert, nahm

Im Dorf Kampos

sehr zart und liebevoll kleine Figürchen und Öllampen aus den Vitrinen und wußte zu jedem Stück eine phantastische Geschichte zu erzählen. Er besaß auch den Schlüssel für die Kirche Aghia Irini, die im 11. Jahrhundert über den Resten einer frühchristlichen Basilika entstand. Lange saßen wir auf der obersten Reihe der amphitheatralisch ansteigenden Priesterbank und ließen alle Bitten und Gebete, die Stille und Heiligkeit von Jahrhunderten in uns einsinken.

In einer Inselwelt zwischen Meer und Himmel

Ikaria muß man zu Fuß erobern. Außer einer asphaltierten Straße, die den Norden und Süden miteinander verbindet, gibt es nur ein paar recht abenteuerliche Feld- und Staubwege, die urplötzlich in einer Bucht, an einem Weiher oder mitten in einer Schlucht enden. Wir tauchten ein in die spröde Anmut der Insel, kletterten hügelauf und hügelab durch die überwucherten Ruinen des antiken Oinoi. Von Ginster überschüttet die niedergesunkenen Wälle der alten Inselhauptstadt. Marmorfragmente, Grabstelen, Reliefs. Nichts Aufregendes. Gerade genug, um der Phantasie Nahrung zu geben. Schau dort, der Strauch. Faß ihn nicht an, er sticht! Seine Widerspenstigkeit wurde ihm zum Schicksal. Er war einst die wunderschöne Nymphe Psalakantha. Als sie sich der Zudringlichkeit von Dionysos widersetzte, verwandelte er sie in diesen Busch. Und hier! Der Granatapfelbaum, der dem Blut des Dionysos entsproß. Seine reife Frucht springt wie eine Wunde auf und zeigt im Innern rote Kerne. In den Händen Persephones symbolisiert sie Tod und Hoffnung auf Wiederauferstehung.

Mit Dionysos durchwanderte ich die Inselwelt zwischen Meer und Himmel, und immer war es auch eine Seelenwanderung. Das Lauschen auf seine Geschichten. Der innere Nachhall. Die Entschlüsselung. Das Verstehen. Ich wurde immer mehr zum Kind, das staunend wahrnahm. Die Berge im kraftvoll geballten Grau des Schiefers. Die gefalteten, fruchtenden Täler, das selige Glucksen der Bäche. Ich spürte die Kraft der Flußsteine, über die ich barfuß lief. Uralte, unmenschlich alte Wesen. Hunderte, Tausende Leben waren über sie hinweggeflossen. Sie aber waren da, unverrückbar im Sein. Es war diese Stille, in der alle Dinge ringsum begannen, ihre eigenen Worte zu flüstern und ihr Geheimnis zu offenbaren.

Die Nonne und das Mönchskloster

Wir wanderten durch einen urwüchsigen Wald zum Kloster Theoktisti. Überragt von eindrucksvollen Felsen, versteckte es sich zwischen Kiefern und Zypressen. Waldumrauschte Einsamkeit. Melancholisches Klostersterben. Die Mauern trugen nur noch sich selbst und die Geschichte der seligen Theoktisti, einer Nonne aus Lesbos, die im 9. Jahrhundert von einem Seeräuber entführt und als Sklavin verkauft wurde. Auf Paros gelang ihr die Flucht, und sie lebte dort als Eremitin bis zu ihrem Tode. Als man ihre Gebeine in die Heimat zurückbringen wollte, geriet das Schiff in einen Sturm und strandete an der Küste Ikarias. Dort fand ein Einsiedler sie. Theoktisti erschien ihm im Traum und befahl ihm, für sie ein Kloster zu errichten. Was auch geschah. Allerdings wurde es ein Mönchskloster. Ob das im Sinne von Theoktisti war, darüber schweigt sich die Legende aus.

Wir kletterten hinauf zu dem vorspringenden Felsen oberhalb des Klosters. Er hütete das efeuumrankte Höhlenkirchlein Theokepasti, das »Schutzdach Gottes«. »Welchen Gottes?« fragte ich Dionysos. Er mußte meine Gedanken erahnt haben, denn er nickte zustimmend. »Ja, auch hier wurde das Gottkind Dionysos aufgezogen, nachdem Zeus es aus seinem Schenkel geboren und den Ammen übergeben hatte. Götter haben nicht nur einen Platz. Das ist eine Erfindung der Menschen, die alles in den Kerker von Zeit und Raum einschließen wollen. Gerade jetzt, hier, wird er gezeugt, geboren und aufgezogen. Sieh das erwachende Leben, die mütterlichen, säugenden, pflegenden Frauen. Sieh das Kind, den Jüngling, den Mann, die Frau! Er ist alles zugleich gestern, heute, vor Tausenden von Jahren und morgen. Wann immer du ihn erdenkst, erschaffst du ihn. Du mußt nicht einmal irgendwohin reisen. Er kommt zu dir. Er ist in dir. Du selbst bist lebendiger Mythos.«

Und damit war Dionysos aus dem efeuberankten Felsgewölbe verschwunden. Er schaffte es immer wieder, mich in höchstem Maße zu verwirren. Dabei spürte ich, er hatte recht. Da war eine Ahnung, so tief, so allumfassend, daß ich nirgendwo einen Anker auswerfen konnte. Ich wollte das Gesagte zerlegen, begreifen, aber es wich vor mir zurück. Ich versuchte, wieder in das Kind von vorhin zurückzuschlüpfen, aber es gelang mir nicht. Meine Gedanken und Fragen hingen bleischwer in der Felshöhle. Ich lief hinaus. Doch auch im Freien schien sich alles in sich selbst zurückgezogen zu haben. Die Bäume träumten in ihrem eigenen Wesen. Der Bach hatte zu tanzen aufgehört. Sein Wasser glitt ruhig und abweisend dahin. Die Berge standen fern und unnahbar am Horizont, und die Flußsteine hatten mir nichts mehr zu sagen. Die Gedanken, wie konnte ich meine fragenden, unruhigen Gedanken loswerden? Ich wußte, durch sie konnte ich nie in die Tiefe dringen und das Wesen der Dinge erfassen. »Was tief ist, liegt in Schweigen und Ruhe, und in diesem Schweigen der Tiefe sprudelt die Quelle

Ikaria – Insel, auf der unzählige Geschichten über Dionysos lebendig geblieben sind

des Unterschöpflichen. Viele Worte erregen den Geist. Wo das Wort schweigt, beginnt das Unermeßliche. So lautlos, wie er verschwunden war, stand Dionysos plötzlich wieder vor mir. »Komm«, sagte er, »laß uns ein wenig laufen, ich möchte dir etwas zeigen.«

Schweigend marschierten wir nebeneinander her. Ich weiß nicht, waren es Minuten oder Stunden. Die Zeit ist ein seltsames Phänomen. Raum und Zeit sind ein und dasselbe. Es gibt weder Raum ohne Zeit noch Zeit ohne Raum. Ich hatte mich Dionysos' Führung anvertraut, kannte nicht den Weg, nicht das Ziel und floß von Augenblick zu Augenblick. War im wahrsten Sinne des Wortes nur in dem, was meine Augen erblickten. Über mir der Himmel, bereits vom nahenden Abend rotgolden überwölkt, unter mir die felsige Küste, das weite Strandkap von Armenistis. Wir stiegen hinab, tauchten ein in das üppige Grün des Chalaris-Flußtales. Eine amphibische Welt voller Frösche, Wasserschildkröten, Krebse, Flußaale und Libellen. Auf kleinen Trampelpfaden bahnten wir uns den Weg durch dschungelartiges Gebüsch. Ich empfand mich wie in einem Geburtskanal, von einem sanften Sog vorwärtsgetragen. Es war eine eigentümlich starke, weibliche Kraft, die aus dem feuchten Schoß der Erde aufstieg. Jeder Schilfhalm, jede Moosmatte, jeder Strauch trug in sich die Information, daß hier Kybele, Artemis, Magna Mater, die vielnamige Große Muttergottheit, gewirkt hatte. Durch das klare Wasser sah ich im Flußbett antike Steine schimmern.

Die älteste Kultstätte Ikarias

Ruinenreste, die sich an der Mündung von Meer und Fluß zu einem Tempelfundament zusammenfügten. Dort, im Farbenrausch des Sonnenuntergangs, lag auf einem kleinen Felsplateau Nas, die älteste und bedeutendste Kultstätte Ikarias.

Einen lieblicheren Ort hätte man für das Heiligtum der Artemis Tauropolia nicht aussuchen können. Eine kleine Bucht im Schutz von Felsen. Weißer Kies vor der türkisblauen See. Die Wellen überspülten mutwillig den Strand, fanden sich in der Umarmung des Flusses zu Füßen der Tempelstätte. Dieses Heiligtum war wie zum Bad der Göttin gemacht. Durch die Nähe des Meeres wurde der Tempelbereich zu einem salzigen Sumpf. Was ausgegraben wurde, versank bald wieder im feuchten Grund. Das Artemis-Heiligtum, bereits von Strabon erwähnt, wurde vermutlich schon in vorgeschichtlicher Zeit von den Mykenern gegründet. Sie verehrten hier die Artemis Tauropolia, die Stiergöttin, der ursprünglich Menschenopfer dargebracht wurden. Bevor der Göttin ein Tempel gebaut wurde, stand auf dem Plateau nur ein Opferaltar, auf dem einem hölzernen Fetisch gehuldigt wurde. Es heißt, die Götter hätten ihn selbst erschaffen. Von dem Tempel aus dem fünften vorchristlichen Jahrhundert sind nur noch Fundamentreste, Altarbasen, Statuenfragmente erhalten. Ein paar alte Steine an der Flußmündung bezeichnen die Stelle, an der in der Antike ein kleiner Hafen lag. Dort betraten die Pilger das Festland, um die Göttin anzubeten.

Eine Taverne – Sammelplatz der Götterwelt

Die Sonne ging unter. Sie rollte sich am Horizont zusammen, versank im Meer und hinterließ auf dem Wasser einen Lichtweg, der allmählich aus der Welt hinausglitt. Ich saß mit Dionysos hoch über der Bucht von Nas in einer kleinen Taverne. Wir waren die einzigen Gäste. Und doch drängten, schoben und schubsten sich in dem Raum all die Gestalten, denen Dionysos durch seine Geschichten Leben gab. Ikaros war plötzlich nicht mehr der Sohn von Daidalos, sondern ein ikariotischer Prinz, der seine Geliebte aus Kreta heimlich entführen wollte und mit ihr im gemeinsamen Flug über das Meer abstürzte. Nach und nach versammelte sich die gesamte Götterwelt, die Brut der Titanen, Giganten und Kyklopen, um uns. Die schöne Ariadne, Tochter des Kreterkönigs Minos, vermählte sich mit Dionysos. Der wiederum verwandelte sich, von Piraten auf einem Schiff gefangengehalten, in einen grausigen Löwen und stürzte sich brüllend auf die Frevler. Im nächsten Augenblick schritt der efeubekränzte junge Gott, gekleidet in Frauengewänder, einer Gruppe von Priesterinnen voran. Sie durchquerten den Raum. Die Mauern der Wände öffneten sich, und der Zug bewegte sich feierlich abwärts, dem Meer und dem Heiligtum der Artemis entgegen. Die Bucht mit den silbern auslaufenden Meereswellen, dem sich schlängelnden Fluß und den marmorglänzenden Tempelsäulen lag da, vom magischen Mondlicht in elysische Klarheit getaucht. Zarter Schlummer umfing die Pflanzen. Seufzer von Nymphen schienen den Wasserspiegel des Flusses erzittern zu lassen, und leise Flötentöne stiegen aus dem unbeweglichen Schilf. Und von fern, ganz fern erklang eine himmlische Musik, gespielt auf der Lyra des Orpheus.

»Das Wissen beiseite legen ...«

Tage später, als ich auf der Überfahrt nach Samos war, fragte ich einen Mitreisenden, ob er auch Ikaria besucht habe. Nein, sagte er mit wegwerfender Handbewegung, auf dieser Insel sei doch nur der Hund begraben. Ich schwieg und dachte an Dionysos. Er hatte mir die Tage auf Ikaria reich gemacht; er hatte mich fasziniert und genervt mit den Geschichten, Mythen und Legenden, die er in ununterbrochenem Redefluß ausgoß. Und wenn ich ihn fragte, woher er das alles denn wisse, hatte er geantwortet: »Man muß alles Wissen beiseite legen, damit das Unbekannte ins Dasein treten kann.«

Er war weder gebildet, noch hatte er jemals die Insel verlassen, und doch trug er die Welt und die Welt hinter der Welt in sich. Nachts in der Taverne, wenn er den Inselwein in sich hineinschüttete, war er außer Rand und Band. Tagsüber, wenn er mit mir am Meer entlang und durch die Berge streifte, wurde er zum Philosophen. Ich lief mit dem Tonband neben ihm und fragte alles mögliche, da sagte er unvermittelt: »Willst du etwas wahrnehmen, wenn deine Gedanken und dein Mund unentwegt plappern?« Ich wollte protestieren, ihm klarmachen, daß dies ausgerechnet aus seinem Mund ein seltsamer Rat sei. Doch er saß ganz still auf der Erde und hielt mit seinen Armen einen jungen Ölbaum umfangen. Wo Ölbäume sind, ist die Landschaft heilig. Ein Ölzweig ist das Sinnbild des Friedens. Die Seele des Landes ist dieser Baum. Und plötzlich war der Mann, der dort mit geschlossenen Augen mehr sah als ich mit offenen, ein anderer. Ewiger, unsterblicher Dionysos, mythologisches Wesen und Mensch zugleich. Ein Gott, der ein Trunkenbold und Frauenverführer war, rasender Dämon und auch nachdenklicher Weiser. Göttin oder Hure, Held oder Versager – wir sind niemals das eine *oder* das andere. Wir sind immer beides. So wie das Licht seinen Schatten wirft, trägt das Gute den Kern des Bösen bereits in sich. Streben nach Vollkommenheit verlangt zuallererst, den Schatten nicht zu leugnen, sondern ihn anzunehmen und zu integrieren.

Kos – Insel eines heilkundigen Gottes und eines göttlichen Arztes

Freudenbringer der Menschen,
Besänftiger schmerzender Übel.
Homerischer Hymnus auf Asklepios

Es ist heute nicht mehr festzustellen, ob der byzantinische Beamte, dessen Aufgabe es war, die ägäische Inselgruppe vor der Küste Kleinasiens in ein Verwaltungsgebiet zusammenzufassen, nicht weiter als zwölf zählen konnte. Von »dodeka« – zwölf – kann keine Rede sein. Rund zweihundert Inseln, kleinere Eilande und Klippen umfaßt der Dodekanes. Doch nur zwanzig sind bewohnt. Allen gemeinsam sind die gebirgige Landschaft und die Öffnung zum gegenüberliegenden kleinasiatischen Festland hin, das über drei Jahrtausende griechisch besiedelt war.

Die Insel der Schwammtaucher

Die Fähre zog gerade an Kalymnos vorbei, der Honigreichen, wie Ovid sie genannt hat. Doch weder der Honig noch die Wälder der Antike haben die Insel berühmt gemacht, sondern die Schwammfischerei. Ein gefährliches Unterfangen und heute ein fast sinnloses. Denn die Meere sind krank und leer. Längst auch hat der synthetische Schwamm über den naturgewachsenen gesiegt. Es gibt keine homerischen Helden mehr, die sich ihre Rüstungen von innen mit Naturschwämmen auspolstern. Und keine Prinzessin läßt sich mehr von ihren Sklavinnen mit dem weichen Gold des Meeres abseifen. Doch wovon sonst sollen die Kalymnoten leben? Die Touristenschiffe tuckern an Kalymnos genauso vorbei wie an den anderen bewohnten Inseln zwischen Patmos, Kos und Rhodos.

Am späten Nachmittag erreichten wir Kos. Der Hafen öffnete sich mit weiten Armen. Im Geleitzug eines Möwenschwarmes legten wir am Ufer an. Obwohl auch diese Insel ein Sonnengeschöpf der Ägäis ist, das gleiche Lichtblau des Himmels sich darüber ergießt, erschien sie mir beim ersten Anblick ganz ungriechisch. Ich fühlte mich viel eher nach Italien versetzt. Palmenboulevards, Straßencafés, Loggien, Paläste, neoklassizistische Bauten, Brücken. Das alles sah aus, als sei es versehentlich hierhergeraten. Es war ja auch etwas eigenartig zugegangen, damals, vor achtzig Jahren. Eigentlich wollten die Italiener den Türken in Afrika Tripolis wegnehmen, als sie 1911 den Mut zu einer Kriegserklärung fanden. Ihr Siegeszug blieb allerdings schon an der türkischen Küste hängen. So versuchten die Italiener, indem sie den wehrlosen Dodekanes im Frühjahr 1912 besetzten, die Türken in die Knie zu zwingen. Und die Griechen vor der türkischen Küste sahen sich auf einmal zu italienischen Staatsbürgern gemacht. Was ihnen nach vierhundert schweren Jahren unter islamischem Joch nicht unrecht war. Die faschistische Zeit unter Mussolini war auch nicht gerade einfach. Immerhin aber haben die Italiener wertvolle Arbeit auf der zweitgrößten Dodekanes-Insel vollbracht. Sie forsteten Wälder auf, restaurierten Kulturdenkmäler und gruben antike Stätten aus. Als am 7. März 1948 auf Kos die griechische Flagge gehißt wurde, kehrte das Eiland zwar heim in den hellenischen Mutterschoß, hatte aber das äußere Erscheinungsbild von Italien, vermischt freilich mit einem kräftigen Schuß Orient.

Italien in der Ägäis

Muselmanisches und Hellenistisches – Spuren der Vergangenheit auf Kos

Auch die türkische Vergangenheit war gleich bei der Ankunft unübersehbar. Zwei Moscheen und drei bleistiftschmale Minarette ragten auf griechisch-orthodoxem Boden in den Himmel Allahs. Und gleich an der Hafeneinfahrt hielt eine mächtige Johanniterfestung Wache, wo es nichts mehr zu bewachen gab. Das Rad der Geschichte dreht sich zurück ins 14. Jahrhundert, als das von einem katastrophalen Erdbeben zerstörte Kos von den Kreuzrittern eingenommen wurde. Öde und wüst lag damals die Insel. Aus den Ruinen ragten zerbrochene Säulen, Marmortrümmer und Statuen. Schlimmer nur hatten die olympischen Götter gewütet. Poseidon war es, der im Kampf gegen die Giganten mit seinem Dreizack ein Stück von Kos losriß und damit den flüchtenden Polybotes am Kopf traf. Der stöhnt und ächzt heute noch am Meeresboden und läßt jenen abgerissenen Felsklotz, die Insel Nisyros, vulkanisch erzittern.

Von Kreuzrittern und Muselmanen

Doch zurück zu den Rittern des Kreuzes. In Windeseile errichteten sie an der Stelle der antiken Agora eine Ritterstadt, Bollwerke mit massiven Bastionen, gewaltigen Festungsmauern und Burggräben. Sie sollten den ständigen Belagerungen der Türken standhalten. Doch 1523 besetzte Sultan Suleiman nach der Eroberung von Rhodos auch Kos. Das Kastell hatte seine Bedeutung verloren. Vieles von dem, was die Türken nicht niederrissen, wurde bei einem weiteren schlimmen Erdbeben im Jahr 1933 zerstört. Im Gegensatz zu Rhodos wurde die Ritterstadt von Kos niemals restauriert. Hier war Jahrhundertschlaf. Gräben und Wälle, Zinnen und Tore – der warme Schein des Abendlichtes lag auf ihnen. Ich wanderte über die alten Straßen der Festung. Grauschimmernder Stein, eingebettet in zartweiße Margeritenbüschel. Auf den Bastionen blühte felderweise der Mohn. Junge Zypressen vor alten Mauern. Von den Zinnen der Blick über das Meer. Pure Silberfolie im Abendlicht. Hier also führten die Kreuzritter den ewigwährenden Krieg gegen die Muselmanen, der ja nichts anderes war als eine vom Papst und der Christenheit abgesegnete Seeräuberei gegen die osmanischen Handelsschiffe.

Kos und Rhodos – wie sich die Bilder der Geschichte gleichen. Zwillingsschwestern fast, wobei Kos, die kleinere, immer im Schatten der größeren blieb. Auch ihren Anfang setzten die Mykener, Achäer und Dorer, und sie folgte Rhodos bei den zahlreichen Kurswechseln zwischen Persern und Griechen, zwischen den rivalisierenden Diadochen Alexanders. Die Parallele setzt sich fort in den engen Beziehungen zu den Römern, die – gleich den heutigen Touristen – fanden, daß sich auf Kos gut leben läßt, mit dem grandiosen Zwischenakt der Johanniter, mit der türkischen Überflutung sowie mit der italienischen Kurzoperette in unserem Jahrhundert und der späten Heimkehr zu Griechenland. Diese eigenwillige wie gleichwohl gelungene Mischung empfing mich am Eingang zur antiken Stadt jenseits der Festung. Die Agora, der Tempel der Aphrodite, die Heiligtümer des Herakles und Herkules, die Überreste einer monumentalen frühchristlichen Basilika – blumenübersät und zum steinernen Bilderbuch verfilzt. Nicht unter eine museale Glasglocke gesteckt, sondern in intimster Nachbarschaft zu Tavernenseligkeit, Freiluftcafés und bazarähnlichen Ladengeschäften.

Kos-Stadt – keine Antike fürs Museum

Hier auch, inmitten dieses herrlichen Wildwuchses, begegnete ich zum ersten Mal Hippokrates, dem berühmtesten Sohn der Insel. Sein Name steht für den Weltruhm von Kos als Geburtsstätte der wissenschaftlichen Medizin. Ein kleiner Platz, eingerahmt von Cafés und einer kostbaren Moschee. Alles überragend, warf eine riesige Platane ihre Schatten darüber. Allein der Stamm maß einen Durchmesser von fast zehn Metern, und seine weitausladenden Arme stützten sich schwer auf graue Monolithsäulen. Zusätzlich hatte man dem greisenhaft wirkenden

Der Baum des Hippokrates

Die Loggia-Moschee ist das schönste Bauwerk auf Kos aus türkischer Zeit. Sie steht in der Nähe des Hippokrates-Baumes

Baum zwei mit Bukranien geschmückte Votivaltäre hilfreich unter die Arme geschoben. Er schien müde, aber unsterblich. Denn seine Zweige waren mit zarten jungen Trieben besäumt. Und eine seltsame Kraft ging von dem verknorpelten, verkrüppelten Wesen aus.

Die Platane soll Hippokrates, der göttliche Arzt des Altertums, eigenhändig gepflanzt haben, und später, so heißt es, seien in seinem Schatten viele der berühmten hippokratischen Schriften entstanden. Mit der Legende stimmt jedoch irgend etwas nicht, denn Soranos zufolge, einem griechischen Arzt des ersten nachchristlichen Jahrhunderts, der eine Biographie über Hippokrates schrieb, wurde der »Vater der Medizin« im Jahr 460 vor Christus in Kos geboren, also nahezu ein Jahrhundert, ehe die Koer ihre neue Hauptstadt auf diese Seite der Insel verlegten. Und außerdem ist den Schätzungen nach die Platane nicht älter als fünf- oder sechshundert Jahre.

Die Platane als Künderin großen Wissens

Doch sei es, wie es wolle, der Baum des Hippokrates ist ein prachtvolles Exemplar, das älteste seiner Art in Europa. In allen Orten Griechenlands findet man im Zentrum des Dorfplatzes eine riesige Platane. Unter ihrem schattenspendenden Dach verwebt sich das Alltagsgeschehen mit Träumen und Phantasien zu einer neuen Wahrheit. In ihr hat alles Platz, nur nicht die Zeit. Und plötzlich schien es mir gänzlich einleuchtend, daß Hippokrates unter der Platane geschrieben und gelehrt haben mußte. Aus dem Samen einer älteren geboren, trug sie den Geist und die Erinnerung. Und ihre einzige Aufgabe war, sich davon gänzlich durchdringen zu lassen. In den uralten Wurzeln steckte der Genius des großen Arztes, der aufgebrochene Stamm machte das Wissen offenbar, und die weit ausgebreiteten Äste verkündeten es in die Welt hinaus. So sind die Genien, die dies Volk und das Land umschweben, auch eine sichtbare Wirklichkeit, unsichtbar nur Blinden. Baum, Erde und Steine sind beseelt und schimmern wie die perlmuttfarbenen Schalen der Muschel, selbst wenn Muschel und Perle längst nicht mehr sind.

Ich schwöre und rufe Apollon, den Arzt, und Asklepios und Hygieia und Panakeia und alle Götter und Göttinnen zu Zeugen an, daß ich diesen Eid und diesen Vertrag nach meiner Fähigkeit und meiner Einsicht erfüllen werde.

So beginnt der Eid des Hippokrates. Und dann folgen acht Regeln. Das Versprechen, diejenigen zu ehren, von denen der Arzt seine Kunst lernt; dem Patienten zu helfen und niemals zu schaden; keine Sterbehilfe zu leisten und auch keine Schwangerschaftsabbrüche vorzunehmen; den Berufsstand zu ehren und das eigene Leben rein zu halten. Von Fachkompetenz ist die Rede, Operationen denen zu überlassen, die dafür zuständig sind. Das Verbot, sich als Arzt mit einem Patienten sexuell einzulassen. Der achte Absatz bezieht sich auf die ärztliche Schweigepflicht. Und am Ende verheißt das hippokratische Gelöbnis hohes Ansehen dem, der diesen Eid hält.

Hippokrates, der Arzt . .

Vor zweieinhalb Jahrtausenden verfaßte der große Arzt der Antike diesen Eid, um seinen Berufsstand von den zahlreichen Quacksalbern und Scharlatanen abzugrenzen. Der Schwur von Kos bindet sich ein in die vitalen und dramatischen Bilder der antiken göttlichen Welt. Er ist, als gesprochener Eid, ein sakraler Akt, ein Ritus, der auf Lebzeiten verpflichtet. Wenn auch die Worte jetzt moderner gefaßt sind, so gilt der Eid des Hippokrates auch heute noch als Grundsatz ärztlicher Ethik auf der ganzen Welt.

. . . und Asklepios, der Gott

War es Zufall oder Bestimmung, daß Hippokrates ausgerechnet auf Kos das Licht der Welt erblickte? Die Insel, seit alters her dem Heilgott Asklepios geweiht, war so etwas wie das Lourdes der Antike. Von weit her kamen die Menschen angereist in der Hoffnung auf Heilung im heiligen Bezirk, im Asklepieion von Kos. Und Hippokrates entstammte einem Geschlecht, dessen Mitglieder sich die Asklepiaden nannten. Sie leiteten ihren Stammbaum väterlicherseits vom göttlichen Asklepios, mütterlicherseits vom Heros Herakles ab. Hippokrates war ihr berühmtester

Sproß, wenngleich nicht gerade ihr bequemster. Denn er löste sich von den rein metaphysischen Anschauungen der Asklepiaden und befreite die Medizin von der Macht der Zauberer und des Priestertums. Ihm und der Schule, die er auf Kos begründete, gilt das Verdienst, die Medizin im Altertum aus ihren magischen Fesseln befreit und auf ein wissenschaftliches Fundament gestellt zu haben.

»Vater der Medizin«

Zu Recht trägt Hippokrates den Namen »Vater der Medizin«. Durch sein ganzes Leben, Forschen und Handeln zog sich der liebevolle Gedanke eines Vaters, der den Menschen als göttliche Dreieinigkeit von Körper, Seele und Geist betrachtete. Diese Dreieinigkeit fand bei Hippokrates auch ihren Ausdruck in der Behandlung. Der Körper spiegelte das Symptom der Krankheit, die Seele ihre Ursache und der Geist die Heilung. Krankheit bedeutete für ihn, das Schicksal als Chance zu erkennen. Schick-sal in seinem ursprünglichen Sinn: »das zum Heil Geschickte«. Ein Arzt im hippokratischen Geist wird auch heute noch seine Aufgabe darin sehen, dem Patienten neben der Linderung seiner Leiden bei der Erkenntnis über die Ursache seiner Krankheit zu helfen. Zugang zu finden zum Sinn, der darin verborgen liegt. Krankheit als Selbsterkenntnis- und Bewußtseinsprozeß, als Möglichkeit für innere Heilung. Sie bekommt damit etwas von Mephisto im faustischen Sinn, nämlich »ein Teil von jener Kraft zu sein, die stets das Böse will, und doch stets das Gute schafft«. Findet der Mensch zu sich selbst, so wird er heil – und im religiösen Sinne heilig. Am Eingang des Tempels von Delphi ist die Inschrift zu lesen: »Erkenne dich selbst, und du wirst Gott erkennen.«

Es war Mittagszeit. Die Sonne stand bereits

Abbildung des Asklepieions (Zeichnung des Archäologen Rudolf Herzog)

hoch. Ich lief die schmale, zypressengesäumte Allee entlang, die hinaufführt zum Asklepieion. Aus den Oliven- und Feigenhainen drang ein klirrender Ton wie springendes Glas. Die Zikaden sangen ihr mittägliches Lied. Hymnischer Gesang von Luft und Erde. Göttliches Außersichsein der Landschaft im Rausch des Mittagslichtes. Man bekommt sie nie zu Gesicht, und anders als das abendliche Zirpen der Grillen ist ihr Sonnengesang nur in den heißesten Stunden des Tages vernehmbar. Dem Apollon sind sie heilig, die Kleinen, und von dem betörenden Sturm seines Lichtes stammt ihre Kraft.

Dort vor mir, auf einer Vorwelle des Dike-Gebirges, lag das Asklepieion von Kos, Heilstätte und Heiligtum zugleich. Dreigestuft zog es sich den Hügel hinauf. Breite Treppenaufgänge am steinigen Hang. Schneeweiße Säulen, Rest von monumentalem Mauerwerk und Fundament. Zartes Grün, bunte Blumenteppiche, Kräuterduft und Zikadenschrillen, das Murmeln einer Quelle. Dunkle Zypressen und knorrige Kiefern. Zackenwandige Felsen, meerwärts der weite Blick auf die Ebene. Gläserne Helle, Magie des Lichtes. Die ganze Landschaft war Gott-erfüllt. Erfüllt von dem Gott, dessen Heiligtum hier errichtet war. Apollon, der Lichtbringer, der Gott des Heilens und der Prophetie, hatte diesen Platz für sich auserkoren. »Er durchzog die Erde und das ganze Meer, stand auf des Gebirges weit sichtbaren Höhen, Orte suchend, um dort die Grundlagen heiliger Stätten zu schafften«, heißt es bei Pindar. Und Homer sagt: »Mit der Landschaft, die er sich so selbst gewählt hat, verbindet der Gott seinen Namen, sein Wesen, seinen Kult für alle Zeiten.« Apollons Landschaft, so erfahren wir, waren die steilen Zacken der hohen Berge, felsige, unfruchtbare Gebiete, zum Meer strömende Flüsse. Er bevorzugte einsame Gegenden, die sich fern vom Getriebe der Menschen befanden. Und seine Tempel sollten versteckt liegen, vom Wanderer erst bemerkt, wenn er direkt davorstand. Das Ziel leuchtete also erst dann, wenn er den Weg schon eine große Strecke gegangen war.

Der Gott der Einsamkeit und sein Heiligtum

Hier im Heiligtum von Apollon und seinem Sohn Asklepios begriff, ja spürte ich, daß jedes Stück Natur auch eine Seelenlandschaft ist, die eine ganz bestimmte göttliche Ausdruckskraft hat und ganz intensiv auf das Herzchakra wirkt. In Hippokrates' Schrift »Von der Umwelt« werden diese Zusammenhänge bereits einleuchtend dargestellt. Um krankmachende Faktoren zu finden, erforschte er die Luft, die Winde, das Wasser und die Temperaturen einer Landschaft. Daß Lichtverhältnisse auf Menschen ebenso einwirken wie die geologische, mineralogische und morphologische Beschaffenheit der Natur, war für ihn genauso wichtig wie die Erkenntnisse aus Astrologie und Astronomie. »Dies alles muß ein Arzt bedenken, wenn er die Heilkunst in rechter Weise ausüben will . . .«

Vielen von uns ist dieses feine Gespür für die Lebensvorgänge der Erde verlorengegangen. Wir fühlen nicht mehr ihre Kräfte, und fühlen damit uns selbst nicht mehr. Wir sind herausgefallen aus der Einheit von Mensch und Natur, von Mikro- und Makrokosmos. In beiden gelten dieselben Gesetze, existieren dieselben Stoffe, wirken dieselben Gestirne. Das Einzelne wird im Ganzen und das Ganze im Einzelnen geschaut. Goethe, immer bemüht, das innere Wesen der Natur bewußt zu erfassen, schrieb am Ende seines Lebens:

Müsset im Naturbetrachten
Immer eins wie alles achten.
Nichts ist drinnen, nichts ist draußen:
Denn was innen, das ist außen.
So ergreifet ohne Säumnis
Heilig öffentlich Geheimnis.

Das Asklepieion

Ich stieg hinauf zur ersten Terrasse des Asklepieions. Hier standen einst Krankenhalle, Brunnen und Thermen des antiken Sanatoriums, das zu Ehren von Hippokrates nach seinem Tod im 4. Jahrhundert vor Christus erbaut wurde. Zum Vorbild diente den Einwohnern von Kos die berühmte Heilstätte von Epidaurus, wo der Asklepios-Kult dem Apollon-Kult folgte. Mehr als tausend Jahre wurde am Geburtsort von Hippokrates in seinem Geist geheilt. Dann, in weiteren anderthalbtausend Jahren, versank das Asklepieion allmählich, verschüttet von Trümmern und Staub. Erst 1901 gelang es, die Reste des Heiligtums wieder ans Licht zu bringen. Es war ein großer Augenblick für die Archäologie. Jahrzehntelang hatte man die ganze Insel durchsucht. Dem jungen deutschen Epigraphologen Herzog glückte endlich der Fund. Die Italiener waren es schließlich, die das Asklepieion erforschten und wieder aufbauten.

Gegensätze: Antike und moderne Medizin

Es waren nicht nur die Heilstätten in der ganzen griechischen Welt, die von der Zeit zerstört wurden. Auch ihre Inhalte, der Sinn, die Philosophie gerieten die Jahrhunderte über in Vergessenheit. Wir leben heute in einer Zeit, in der die Schulmedizin ständig Zeugnisse ihrer großartigen Möglichkeiten ablegt. Sie schafft laufend neue Methoden, Apparate, Spezialisierungen, in denen der Mensch aber als leibseelische Einheit keinen Platz mehr hat. In seinem Buch »Krankheit als Weg« schreibt der Psychologe Thorwald Dethlefsen: »Die moderne Medizin scheitert nicht an den Möglichkeiten ihres Handelns, sondern sie scheitert an dem Weltbild, auf das sie ihr Handeln aufgebaut hat. Die Medizin scheitert an ihrer Philosophie oder – genauer formuliert – am Fehlen einer Philosophie.«

Die Ärzte der Antike pflegten die Philosophie des holistischen Weltbildes, das seinen Ausdruck in einer ganzheitlichen Medizin fand. Sie wußten um die Heilwirkung von Seeluft, Mineralwasser, verschwenderischer Natur, verbunden mit religiösem Kult. Sie kannten die Wirkung von Licht, Schwingung und Farben, von den heilenden Kräften, die aus der Tiefe des Selbst aufsteigen können, wenn man sie nur aktiviert. Behandlung mit Heilkräutern und Honig, mit Wasser- und Sonnenbädern, Schlammkuren, Massagen, Fasten, Heilschlaf, Traumtherapie, Theater, Konzerte, das alles gehörte in die Apollon und Asklepios geweihten Sanatorien. Und so wie die Asklepien allmählich wieder ans Tageslicht kommen, Stück für Stück rekonstruiert und auf alten Fundamenten wieder aufgebaut werden, so beginnt sich auch ein neues Bewußtsein auszubreiten, das sich an altes Wissen erinnert und hierauf eine neue Welt errichtet.

Ich stieg die dreißig Stufen der schönen Freitreppe hinauf bis zur zweiten Terrasse. Mit jedem Schritt atmete ich freier. Die Luft schien mir reiner und klarer zu sein. Alle Erinnerungen an Krankheit und Leid blieben in den Mauern unter mir zurück. Und auch der Blick weitete sich nun über die Wipfel der Zypressen hinweg auf die Landschaft. Es war, als ob die Seele sich von ihren Fesseln befreite und im Erkennen des Göttlichen sehnsuchtsvoll aufstieg. Dort oben, im strahlenden Weiß seiner Marmorsäulen, hatte sich das Göttliche manifestiert, dort lag das eigentliche Heiligtum: die Tempel von Apollon und Asklepios. Von ihrer ganzen Größe und Schönheit war für das Auge nur noch wenig zu erfassen. Ein paar Säulen, Grundmauern, die Fundamente eines Altars. Und doch kündeten die Trümmer von ihrem einstigen Leben, wies jeder Stein durch seine Proportion über sich selbst hinaus zum Ganzen des Tempels und zum Ganzen der Landschaft. Wenn auch dieser lebendige Bezug zum Kosmos nur noch zart wahrnehmbar war, so schien er doch nicht verloren, sondern aufgenommen in dem ewig blühenden Leben, in dem auch die Götter ihren festen Platz einnehmen.

Manifestierung des Göttlichen

Apollon und Asklepios, die beiden Namen gehören, wie in Kos, zu jeder griechischen Heilstätte. Will man sie jedoch in ihrem ganzen Sinn erfassen, muß man einen dritten Namen hinzufügen: Zeus. Gemeinsam bilden sie die Dreieinigkeit von Gottvater, Sohn und Heiligem Geist. Zeus, der allgewaltige Göttervater, zeugte Apollon, den Lichtbringer. Er, der Sonnengott, das

Einladung in die Berge: Die kleinen Dörfer in luftiger Höhe sind die erholsamsten Flecken von Kos

Christusbewußtsein, brachte den Menschen auch das geistige Licht, das Licht der Erkenntnis. Nicht zufällig wird ihm die Fähigkeit des Heilens zugeschrieben. Denn der Weg der Erkenntnis führt zum Heil- und Heiligwerden. Apollons Heilkunst war den unsterblichen Göttern vorbehalten. Sein Vermächtnis an die Menschen war Asklepios, Gottes Sohn, der als Mensch die Menschen heilte. Gezeugt von Apollon und der sterblichen Koronis, unterlag er wie jeder Heros dem Tod. Doch selbst nach seinem Tod wirkte Asklepios weiter, freilich jetzt in der Sphäre der Nacht. Im Traum erschien er den Kranken in den Asklepien und gab ihnen den Weg zu ihrer Heilung an.

Immer mehr und mehr verbreitete sich das helfende und heilende Wesen des Asklepios über die ganze antike Welt. Überall wurden, von Epidaurus und Kos ausgehend, neue Heiligtümer und Heilstätten gegründet, wurde sein Kult gepflegt. Die menschheitliche Wirksamkeit des Asklepios mündete schließlich in das Christentum, das sich auf die Tatsache gründete, daß Gott als Mensch auf die Erde gekommen ist, um die durch den griechischen Gott vorbereitete Vermittlung zur göttlichen Welt jetzt nicht mehr von außen, sondern vom Menscheninnern bewußt begriffen zu werden – zum Heil der Welt.

Während ich hinaufstieg zur dritten Terrasse, erinnerte ich mich an eine Statue von Asklepios, die ich im Nationalmuseum von Athen gesehen hatte. Er war als bärtiger, gütiger Mann dargestellt, gehüllt in einen weiten Mantel, mit einem Wanderstab, um den sich eine Schlange, Sinnbild der Selbstverjüngung, ringelte. Ich weiß nicht, warum, aber diese Marmorstatue strahlte etwas sehr Tröstliches aus. Sie schien alterslos, umgeben von einer Aura der Unsterblichkeit. Und die Landschaft, die jetzt weit unter mir lag, paßte vollkommen zu diesem Bild. Über die Kronen der Bäume hinweg sah ich weit über die Insel. Der Ausblick auf die fruchtbare Ebene mit ihren Obstplantagen und Gemüsegärten, die sanfte Küstenschwingung mit den sonnenhellen Stränden, der tiefblaue Meeresbogen – und fast zum Greifen nah die schimmernde Bergsilhouette Kleinasiens. Ich war erfüllt von einer tiefen Ruhe und Heiterkeit. Der Zusammenklang von Natur und Heiligtum führte mich hin zu dem reinsten aller Töne, dem Gotteserlebnis. Wenn eine Landschaft heilen kann, dann diese.

Rhodos – Götterspiele und Ritterträume

Aus dem Goldhelm läßt er die Augen
schrecklich blitzen.
Da sprüht und funkelt
von glänzenden Strahlen
es rund um ihn her
Homerischer Hymnos auf Helios

Berge haben eine ähnliche Eigenart wie das Alter: Sie schaffen Überblick. Von Jahr zu Jahr klettern wir auf dem Rücken unseres Erfahrungsberges höher und höher, blicken zunehmend weniger auf das Detail als aufs Ganze. Die Seele gewinnt mehr Umsicht und Übersicht, die Augen werden weitsichtig. Vielleicht ist das der Grund, warum Berge mich geradezu magisch anziehen. An jedem Ort meiner Reisen suche ich zuerst nach dem besten Überblick.

Auf dem Berg des Zeus

So war ich in der Morgendämmerung auf den Attabyros gestiegen, den höchsten Berg von Rhodos. Wie ein Schädel, vom Alter und vielen Denken kahl geworden, erhob er sich 1215 Meter hoch über Land und Meer. Der Gipfel droben gehörte dem allgewaltigen Zeus, dem ja alle Bergspitzen in der klassischen griechischen Welt vorbehalten waren. Die Umgrenzung des göttlichen Bezirkes, Grundzüge eines dreiteiligen Baus und niedergestürzte Mauern empfingen mich nach zweistündigem Aufstieg. Die Errichtung des Zeus-Heiligtums hat einen direkten Bezug zum Ausblick und ist mit einer tragischen Geschichte verbunden.

Dem Heros Althaimenes war prophezeit worden, er werde seinen Vater Katreus, König von Kreta, töten. Um solch tragischer Tat zu entgehen, verließ er seine Geburtsinsel. Auf der Suche nach einem neuen Platz kam er nach Rhodos und versprach, Zeus ein Heiligtum zu errichten, falls er vom höchsten Punkt der Insel seine Heimat Kreta sehen könne. Er sah sie, wie man sie auch heute noch an klaren Tagen sieht, weit in der Ferne aufragen. Althaimenes erbaute Zeus das Heiligtum. Seinem Schicksal jedoch konnte er nicht entgehen. König Katreus kam nach Rhodos, um vor seinem Tod den Sohn noch einmal zu umarmen. Die Rhodier hielten ihn für einen Feind, und der Sohn erkannte ihn nicht. In einem Gefecht erschlug er den Vater. Als Althaimenes den schrecklichen Irrtum erkannte, zog er sich in die Einsamkeit zurück und wurde auf seine Bitte hin von der Erde verschlungen.

Die Stunde von Eos und Helios

»Hic Rhodos, hic salta«, hier stand ich und konnte nicht anders, als mit tiefer Ergriffenheit das Wunder zu betrachten, das die Natur jetzt vor meinen Füßen ausbreitete. Es war die Stunde von Eos, der Göttin der Morgenröte, vor der alle Sterne erbleichen. Immer eilte sie ihrem Bruder Helios voraus, um ihm das Himmelstor zu öffnen. Aus dem Blaugrau der Dämmerung tauchte sie auf, zaghaft und sanft errötend. Dann aber trumpfte sie auf, spielte alle Töne von Rot bis Violett auf der Tonleiter des Himmels. Ein letzter kraftvoller Akkord, ein fast überstürzter Abgang. Und nun schoß Helios mit seinem Sonnenwagen über den Saum der Erde. Er, der alles belebt, verändert, beseelt – den frostigen Äther, die erwachende Flut, die schlafende Erde. Es dauerte nur Augenblicke, bis das glosende Rund aus dem Horizont voll aufstieg. Diese Minuten waren reiche, berstende Zeit, war Geburt der Aphrodite und Erweckung des Lazarus. Die Schöpfung begann zu atmen. Das Wasser nahm Farbe an. Der in sich versunkene Berg straffte sich. Und der Himmel war endlich wieder, was er sein sollte: Himmel und nicht nur Leere, sacht, aber stetig an Farbe gewinnender Himmel, endlos steigender riesiger Fallschirm.

Das Geschenk an den Sonnengott

Ein heller, strahlender Morgen war aufgegangen. Helios hatte erneut seine Insel in Besitz genommen. Es verwundert nicht, daß ausgerechnet auf Rhodos, an der Schwelle von Morgen- und Abendland, der Mythos des Sonnengottes angesiedelt ist. Pindar nennt die Insel »die Meerumströmte, Aphrodites Tochter und Helios' Braut«, gelegen »an des raumweiten Asiens Vorsprung«. Er erzählt uns auch, wie Rhodos entstand. Am Tag, als Zeus die Welt unter den Göttern verteilte, war Helios unterwegs auf seinem Sonnenritt. Zeus vergaß ihn schlichtweg. Enttäuscht trat Helios nach einem langen, ermüdenden Arbeitstag vor den Vater. Zeus erklärte sich bereit, eine neue Verteilung vorzunehmen. Doch der Sohn wehrte ab, erbat sich von Zeus ein Land, daß er im Osten unter Wasser hatte schwimmen sehen. Zeus stimmte zu und hob eine blütenbedeckte Insel aus dem Meer. Und so geschah es, daß Helios die »aus salziger Flut« entsprossene Insel erhielt. »Die hat nun«, so Pindar, »der scharfe Strahlen erzeugende Vater inne, der feuersprühenden Rosse Lenker.«

Helios heißt der »Glänzende«, das »Auge des Zeus«, der »*Allsehende*«. Im Gegensatz zu Apollon, dem »Strahlenden«, dem »*Allwissenden*«. Die beiden Lichtgötter entstammen derselben Quelle, sind zwei Aspekte des Sonnenmythos. Aus Helios, dem wagenden Stürmer, wurde erst später die geistige Gottheit Apollon. Wer den Mythos auftreffen läßt auf seine eigenen Seelenbilder, dem sagt er: »Vom Sehen und Erkennen kommst du erst zum Wissen, wenn du dich einläßt auf den

Weg des Erfahrens.« In Phaeton, dem Sohn von Helios, wird deutlich, daß dieser Weg, wenn er von Maßlosigkeit und Vermessenheit bestimmt wird, zum Verbrennen führen kann. Phaeton, der an seiner göttlichen Abstammung zweifelte, erbat vom Vater dessen Gespann, um es selbst über den Himmel zu steuern. Umsonst warnte ihn Helios vor der Wildheit der feurigen Rosse. Umsonst führte er ihm die Gefahren der Bahn durch die drohenden Gestalten des Tierkreises, durch die im Sturm sich schwingenden Sterne vor Augen. Der Jüngling beharrte auf seinem Vorsatz. Nun war er aber nicht stark genug, um den Lauf der Rosse zu lenken. Sie jagten mit dem zügellosen Sonnenwagen durchs All. Der Himmel gefror, die Erde verbrannte. Zeus, zornig geworden, schickte einen vernichtenden Blitz in den Sonnenwagen. Und Phaeton stürzte zerschmettert nieder.

Der Koloß von Rhodos

Das erinnert mich an die Geschichte vom Koloß von Rhodos, ein von Menschenhand in Erz gegossenes Abbild des Inselgottes. Man hatte es ihm im 3. Jahrhundert nach Christus erbaut, als Dank für den Sieg über den makedonischen Prinzen Demetrios Poliorketes. Die Statue war – so ist überliefert – nicht nur ein vollkommenes Kunstwerk, sondern auch eine technische Höchstleistung. Der Sonnengott von einem Strahlenkranz umgeben. In der Hand hielt er eine Fackel, die den Seefahrern als Leuchtfeuer diente. Einmalig schön war dieses Gottesbild und gigantisch: 37 Meter hoch. Von fern schon grüßte es die Schiffe, die dann zwischen seinen Beinen in den Hafen einfuhren. Doch dieses Weltwunder der Antike stand nur wenige Jahrzehnte. Bei einem Erdbeben brach es und stürzte nieder. Die Sorge, man habe das Gebot des Maßes verletzt und den Zorn des Gottes erregt, vielleicht auch die Erkenntnis, die Götter dort zu belassen, wo sie hingehören, und keine Abbilder von ihnen zu schaffen, führten dazu, daß das Erzbild nie wieder errichtet wurde. So lag der Koloß, nach seinem Fall nicht minder berühmt, unangetastet auf dem Hafendamm. Erst achthundert Jahre später luden sarazenische Seeräuber die Trümmer auf ihre Schiffe. Siebentausend Zentner Erz wurden von ihnen abtransportiert und eingeschmolzen.

Ich aber saß immer noch auf meinem Götterberg, der für mich zum stärksten Kraftort der Insel wurde. Es gab andere Plätze, die dem Auge mehr boten – Lindos, die Akropolis von Rhodos, Ialyssos, Kameiros –, aber nirgendwo floß der Energiestrom so frei und rein wie hier. Ich fühlte mich leicht, fast schwebend. Und gleichzeitig war da eine Kraft, die vom Berg ausging und die mich tief im Fels verankerte. In dieser Aura von Alter, Weisheit und göttlichem Licht konnte ich meditieren ohne Angst, verlorenzugehen.

Die vielen antiken Stätten von Rhodos erwachen im Frühling zu neuem Leben

Als ich die Augen wieder öffnete und umherwandern ließ, war nicht nur alles in mir klarer geworden, auch die Welt draußen leuchtete heller. Ich hätte sie umarmen mögen, so schön lag die Insel an diesem Morgen unter mir. Doch nicht einmal das Auge reichte aus, um sie ganz umfangen zu können. Nur an einer Seite gab sie den Blick auf das Meer frei, ansonsten wogten Hügel, Berghänge und Täler im Frühlingsgrün. Weit, so weit ich sehen konnte, nur Land. Blühend und fruchtbar.

Alle ägäischen Inseln meiner Reise hatten sich in dieser Stunde hier vereint: die Mandelblüte und die Zypressen von Samos, die zarten Blumen und Olivenhaine von Patmos, die Weinfelder und Bergfelsen von Ikaria, die weiten Ebenen und hellen Strände von Kos. Ein himmlischer Farbtopf im Frühlingslicht. Dem Sonnengott würdig.

Die Freiheiten der Götter

Götter, das weiß man, haben alle Freiheiten zwischen Himmel und Erde. Sie sind nicht gebunden an Zeit und Raum und schon gar nicht an das Gesetz der Monogamie. So wie die Sonne die Erde befruchtet, so waltete auch Helios nach dem Motto: »Seid fruchtbar und mehret euch«. Er zeugte mit mehreren Frauen und Geliebten unzählige Sprößlinge, die Helianiden, Kinder der Sonne. Sieben davon entstammten der Ehe mit der Nymphe Rhode, Tochter von Aphrodite und Poseidon. Sie lebte schon auf dem Eiland, bevor Zeus es für seinen Sohn aus den Fluten hob. Und so war es auch nur recht und billig, daß die Insel nach ihr benannt wurde. Die Kinder aber, sieben prachtvolle Jünglinge, gelten als die Stammväter von Rhodos. Einer von ihnen, Kerkaphos, wurde der Vater von Ialyssos, Kameiros und Lindos, nach denen die drei antiken Hauptstädte der Insel ihre Namen erhielten.

So wurde Rhodos ein Tummelplatz der Götter, ihrer Kinder, deren Enkel und Urenkel. Und es kam die Zeit – man möchte es fast bedauern –, wo sich die Inselgeschichte in handfeste Zahlen fassen ließ. Wir Menschen brauchen ja diese Zahlen so schrecklich notwendig, um alles in unser Zeit-Raum-Gefüge einbasteln zu können. Nur dort fühlen wir uns auf sicherem Boden, wo alles Schritt für Schritt nacheinander passiert, sich in Struktur und Ordnung bringen läßt. Wo wir nachvollziehen können, daß auch alles wirklich wahr ist, was war.

Dieses Kapitel der Zeitgeschichte auf Rhodos ist mindestens so bewegt und spannend wie das mythologische und läßt sich unter dem Titel zusammenfassen: zwischen Göttern und Rittern. Spuren davon prägen noch heute in reichem Maße das Inselgesicht.

Bei der Ankunft im Hafen von Rhodos-Stadt spreizt zwar kein Koloß mehr die Beine zur Durchfahrt, dafür stehen an jener berühmten Stelle zwei Säulen mit einem Hirsch und einer Hirschkuh darauf. Damit hat es natürlich auch seine Bewandtnis. Einst herrschte auf Rhodos eine Schlangenplage, und so wurde Phorbas aus Thessalien geholt, um ihr ein Ende zu bereiten. Dies gelang mit Hilfe von Hirschen, die die Schlangen mit ihren Geweihen aufspießten. Seither ist der Hirsch das Symbol- und Wappentier der Insel. Weniger symbolträchtig, dafür um so eindrucksvoller ist das, was sich ins Hafenrund einbettet: am Ufer ein zweites Venedig mit Pavillons, Loggien, Palästen, Kirchen, buntem Marmor, Treppen und Plätzen. Und dahinter hügelauf die vollkommene Ritterstadt.

War ich schon bei meiner Ankunft in Kos verwundert über das ungriechische Aussehen, so

war dies das Ungriechischste, was ich je sah. Hier verwob sich der Geist vieler Epochen und schien sich zu einem Wettstreit aus Stein versammelt zu haben. Alles noch größer, geltungssüchtiger und maßloser als in Kos. Hier hatten die Italiener während ihrer dreißigjährigen Besatzungszeit der Bau-Phantasie freien Lauf gelassen. Allen voran der Architekt del Fausto, der in wahrhaft faustischem Eifer Stein auf Stein gesetzt hatte. Die Gebäude protzten mit der imperialen Gebärde des Faschismus, mal mit einer Fassade à la Dogenpalast, mal mit gotischem und byzantinischem Zierat. Aquarium, Markt, Regierungspalazzo, Nationaltheater, Gericht, die zahllosen Profan- und Sakralbauten entlang der Prunkmeile Platia Eleftherias – sie waren weitere unübersehbare architektonische Erbstücke der Italiener. Wundersam sah das alles aus. Schön und staunenswert. Doch gleichzeitig ein bißchen zu sehr theatralische Kulisse. Ein Schaustück, für Fremde gemacht.

Baukulisse der Italiener und Relikte aus der Türkenzeit

Erst beim näheren Hinsehen, beim Durchwandern der Straßen im Hafenviertel, sah ich Altes, Gewachsenes, wenngleich ebenso Fremdes auf griechischem Boden. Die Murad-Reis-Moschee inmitten eines verwilderten Gartens. Ihr zartes Minarett mit feinster, filigraner Ornamentik veranschaulicht wie kein anderes der Stadt die Steinmetzkunst des Orients. Murad Reis war ein türkischer Admiral, der Odysseus der Janitscharen. Seinen listigen Einfällen verdankte Suleiman der Prächtige die Eroberung von Rhodos. Murad Reis nahm von der Insel Besitz. Hier ist er auch begraben. Auf dem kleinen Friedhof neben der Moschee steht sein Mausoleum. Drum herum, vom Gras teilweise überwachsen, weil niemand die Gräber pflegt, erheben sich die turbange-

Links:
Auf Rhodos sind noch viele Windmühlen in Betrieb

schmückten Grabstellen der Großwesire und Paschas, die Suleiman nach Rhodos verbannt hatte. Kleine Kunstwerke sind diese Grabstellen, die da so achtlos und verwaist wie zu Stein erstarrte Moslems stehen. Nur Menschen, dachte ich, nehmen solche Trennungen vor. Hier Freund, da Feind. Kein Versöhnungszeichen über den Tod hinaus. Ich ging auf die Straße und pflückte von einem Hibiskusbusch ein paar Blüten ab. Als ich sie an einem Grabstein niederlegte, fiel ein Sonnenstrahl in den dunklen Garten. Nein, Götter kannten diese Trennung nicht.

Die Ritterorden und ihre Festung

Wo Aphrodite, Göttin der Liebe, einst über das Meer zu den Griechen kam und diese ihr gleich bei der Ankunft am Hafen ein Heiligtum erbauten, thront – welch ein Anachronismus! – jetzt die rhodische Ritterstadt. Das Bollwerk zeugt von Macht, nicht von Liebe. Und nichts deutet darauf hin, daß diejenigen, die diese kriegerische Feste bauten, im Ursprung auch einmal im Zeichen der Nächstenliebe angetreten waren.

Die Entstehung des Malteser- und Johanniter-Ordens reicht zurück ins frühe Mittelalter, in die Zeit der Kreuzzüge, als die Päpste zur Rückeroberung der vom Islam besetzten heiligen Stätten im Vorderen Orient aufriefen. Die Aufgabe des Ordens bestand darin, den christlichen Pilgerzügen nach Palästina Schutz zu gewähren und Kranken Beistand zu leisten. Doch bald schon wurden aus den ritterlichen Helfern Ritter des Schwertes, die an Erbitterung und gnadenloser Grausamkeit den Kriegern des Islam in keiner Weise nachstanden. Jerusalem konnte zwar mit entsetzlichen Gemetzeln auf beiden Seiten mehrmals von den Christen eingenommen werden, fiel aber postwendend an die islamischen Streitkräfte zurück.

Die Straße der Ritter in der Altstadt von Rhodos

Aus Jerusalem vertrieben, setzten sich die Kreuzritter zunächst auf Zypern fest und faßten dann Rhodos ins Auge. Ihr Satz: »Fortitudo eius qui Rhodum tener« – »Wer Rhodos innehat, hat die Macht«, zeigt, welche strategische Bedeutung sie der Insel zwischen Abend- und Morgenland beimaßen. Im Jahr 1309 machten sie Rhodos zum kämpferischen Vorposten Europas gegen die vorstürmenden türkischen Mohammedaner. 211 Jahre währte ihre Anwesenheit. Zeit genug, um eine gewaltige Ritterstadt zu bauen, in der sich gotischer Stil und westliche Renaissance mit byzanto-ägäischen Elementen vermischten. Sultan Suleiman, der den Höhepunkt türkischer Macht verkörperte und 1529 vor Wien erschien, nahm nach sechsmonatiger Belagerung am 22. Dezember 1522 Rhodos ein. Die Kreuzritter mußten kapitulieren. Ihnen blieb nur der ehrenvolle Abzug. So ging auf Rhodos der große Traum des Mittelalters zu Ende, das Reich Gottes bereits auf Erden zu errichten.

Der rhodische Rittertraum

Da lag sie nun vor mir, die Altstadt, der rhodische Rittertraum. Gräben und Wälle, Türme und Tore, Kirchenspitzen, Minarette und Kuppeln. Alles überragend der Großmeisterpalast. Hängende, blühende Gärten hoch auf den Zinnen. Grauschimmernder, warmer Stein. Die Ritterherbergen, das Johanniter-Hospital, die Ordenskirche. War es möglich, hier am Rande des Morgenlandes, so viel Gebautes aus abendländischem Geist? So vollkommen, als sei es erst gestern errichtet worden? Kein störendes Hochhaus innerhalb der Festungsmauern, nichts als reines Mittelalter. Plätze und Straßen, Winkel, Bögen und Tore – überall konnte mein Auge nisten und siedeln, genauso wie es dem Mittelalter Bedürfnis war. Den gleichen Weg, den die antike Straße einst vom Hafen zur Akropolis nahm, nahm auch die Ritterstraße und strebte bergan dem Großmeisterpalast zu. Eine Straße des 15. Jahrhunderts, gänzlich unverbaut. Wo gibt es das noch?

Ich wanderte über altes Kieselpflaster, vorbei an den adligen Profilen der Herbergen, deren Wände mit den vielen Wappen der Rittergeschlechter belebt waren. Und ganz oben auf dem Hügel die Residenz des Ordens-Obersten. Klare Proportionen und ausgewogene Maße. Schöne

Ornamentik auf glattgefügten Natursteinmauern. Gotische Bögen über dem sonnendurchfluteten Innenhof. Im hohen Garten des Großmeister-Palastes blühte es über und über. Am Abend traf man sich hier zum »Son et Lumiére«. Dann erwachte die ganze Ritterzeit für eine Stunde zum Leben. Jetzt aber war heller Tag. Ein langer Weg – wenn man sich Zeit ließ, konnte man ihn über Stunden ausdehnen – führte mich auf den Verteidigungswällen rund um die Altstadt. Intime Einblicke in das Türkenviertel, großartige Ausblicke aufs Land und über das Meer bis hin zu den anatolischen Bergen. So beherrschend sich die Ritterstadt auch unter mir ausbreitete, dort drüben auf dem Stephanos-Hügel erinnerten die vier Säulen des Helios-Tempels daran, wer der wirkliche Herrscher der Insel war.

Das Heiligtum des Sonnengottes

Aufstieg zum Tempel des Sonnengottes. Zur Akropolis des antiken Rhodos. Ein Hügel mit zwei sanften Gipfeln. Stufenweise zogen sich die Terrassen bergan. Zwischen Ruinen blühte der Frühling. Goldgelbe Margeriten streckten ihre weit geöffneten Blütengesichter der Sonne entgegen. Sie erinnerten mich an die Geschichte von Helios und Klytia. Sie war eine Geliebte des Sonnengottes, wollte die einzige sein. So schmiedete sie allerlei Ränke gegen ihre Nebenbuhlerinnen. Doch es nutzte nichts. Sie blieb eine von vielen. Da schwand sie vor Kummer hin und verwandelte sich in eine Sonnenblume. So konnte sich Klytia wenigstens auf diesem Weg auf ewig von dem Gott begatten lassen. Durch ihn lebt sie, ohne ihn vergeht sie.

Rhodos war das Zentrum des Helios-Kultes. Außer in Korinth wurde der Gott im übrigen Griechenland kaum verehrt. Im Gegensatz zu den Ägyptern und Hethitern war für die Griechen

1 Kirchen im gleißenden Licht der Kykladen
2 Nie sind die griechischen Inseln so schön wie im Frühling
3 Viele Bewohner verlassen ihre Heimat. Aber sie kehren immer wieder zurück Denn auf der Insel stirbt es sich leichter
4 Mitunter fühlt man sich auf den ägäischen Inseln mehr im Orient als in Hellas
5 Philoxenia – Gastfreundschaft. Ein herzliches Winken im Vorbeigehen. Das wärmt die Seele
6 Die Inselbewohner sind sehr religiös. So ist der Pope die wichtigste Person im gesellschaftlichen Leben
7 Es ist, als wäre eine Göttin über das Land gegangen und hätte ihre Fruchtbarkeit ausgeschüttet
8 Die Mönche von Patmos sind weltoffener, gebildeter und heiterer als der orthodoxe Klerus anderswo
9 Eng drängen sich die Häuser von Chora unter dem Schutz der gewaltigen Mauern des patmischen Klosters zusammen
10 Der Hera-Tempel auf Samos. Eine einzige Säule ist von dem Weltwunder der Antike erhalten geblieben
11 Eine Reise durch Samos, das ist ein Arm voller Bilder, gepflückt von der Wiese Welt
12 Das Bergkloster Meghali Panaghia auf Samos, erbaut auf einem Artemis-Heiligtum
13 Meerstimmung über Ikaria
14 Templerburg auf Rhodos – Abglanz früherer Macht (© Suthmann)

Abbildung 1

Abbildung 2

Abbildung 3, 4

Abbildung 5, 6

Abbildung 7

Abbildung 8

Abbildung 9

Abbildung 10

Abbildung 11

Abbildung 12

Abbildung 13

Abbildung 14

Abbildung 15

Abbildung 16

Abbildung 17

Abbildung 18, 19

Abbildung 20

Abbildung 21

Abbildung 22

Abbildung 23

Abbildung 24

Abbildung 25

Abbildung 26

Abbildung 27

Abbildung 28

Abbildung 29

15 Erinnerung an die Kreuzritter – die Johanniterfestung auf Kos
16 Limnos – Spuren der antiken Stadt auf Rhodos (© Suthmann)
17 Ikaria – Insel, auf der unzählige Geschichten über Dionysos lebendig geblieben sind
18 Türkischer Friedhof auf Kos
19 Das Perdiki-Tal auf Ikaria. Von Dionysos' Tränen benetzt, wurde es zum fruchtbaren Boden
20 »Herr, verschone uns« – Stoßgebete im Angesicht des Vulkans von Santorin, des einzig noch tätigen in der Ägäis
21 Die berühmten Löwen von Delos bewachen, was es nicht mehr zu bewachen gibt
22 Das Haus des Dionysos auf Delos
23 Phira, die Hauptstadt Santorins, festgeklammert am Kraterrand
24 Verbrannte Felder und Weingärten lechzen nach Wasser – nahezu alle Kykladeninseln leiden unter diesem Mangel
25 Die windmühlenbestandene Lassithi-Hochebene auf Kreta mit dem Dikti-Gebirge im Hintergrund
26 Der Palast von Phaistos auf Kreta wurde zwar nicht wie Knossos wieder aufgebaut, dafür ist seine Lage traumhaft schön
27 Rauh und stolz wie die Kreter ist auch ihre Berglandschaft
28 Kreta zwischen Fortschritt und Vergangenheit – das ist noch Raum für ein Stück archaische Welt
29 Der Feuerberg schläft. Wie lange noch? Mit dieser Unsicherheit leben die Menschen auf Santorin ständig

Die Stadt Rhodos ist voll von liebenswerten architektonischen Details

Helios kein Gott, dem man im Kult begegnen konnte und der handelnd ins menschliche Leben eingriff, sondern er nahm als göttliches, aber kultloses Wesen, als Sinnbild von Leben und Licht die höchste Stellung im Kosmos ein. Helios hatte auch keinen Platz in der Götterversammlung des Olymp. Während die anderen am Tisch von Zeus saßen, Länder verteilten und über Menschenschicksale entschieden, fuhr er vom Morgen bis zum Abend mit seinem feurigen Wagen über den Himmel. So wundert es nicht, daß den höchsten Punkt der Akropolis von Rhodos nicht ein Zeus-Tempel krönt, sondern das Heiligtum des Sonnengottes. Der Götterbezirk von Zeus und Athene beherrscht den Nordgipfel des Berges. Den südlichen Gipfel nimmt das Pytheion ein mit dem Tempel des Helios-Apollon Pythios. Dorische

Steine, römische und hellenistische Säulentrommeln. Dornen- und grasüberwachsenes Zeitengewirr. Irgendwo dazwischen mußte es geschehen sein, daß die beiden Lichtgötter Helios und Apollon miteinander verschmolzen.

Hier auf dem Götterberg war intensiv ausgegraben worden. Die italienischen Archäologen haben während der Besatzungszeit vieles gefunden und vieles andere einfach dazugebaut. Gymnasion, Stadion, Hörsaal, die große Stoa, Treppen und Terrassen waren wieder da. Auch ein Stück des Helios-Tempels. Von seinen vier Säulen waren wohl nur einige Trommeln echt, und auch der Architrav schien mir ganz neu zu sein. Wie anders war doch Delos, die dem Sonnengott geweihte Insel! Eine schwimmende, unbewohnte Götterfeste. Niemals wiederaufgerichtet, was die Zeit hatte einsinken lassen. Dort wußte man, daß Tempelsäulen kein Bauwerk sind, das man ergräbt und ergänzt, und daß, wo die Götter gewaltet haben, Schweigen und Ehrfurcht herrschen sollten.

Die Spiele des Helios

Mittagsstille. Ich saß im Gras inmitten des blumengesprenkelten Wildwuchses. Der Blick über die Stadt und das Meer war unvergleichlich. Götterblick, der nicht mit menschlichen Zeiten maß, sondern wo in einem Augenblick alles enthalten war. Ich sah das Bildnis des Sonnengottes in seinem Tempel stehen. Ein Sonnenwagen aus Gold, ein goldenes Viergespann, weiße, geflügelte Rosse. Und zuoberst Helios-Apollon, goldgelockt, strahlengekrönt. Sein blitzendes Auge war auf das Geschehen unter ihm gerichtet. Dort hatte gerade das ihm geweihte Fest begonnen. Weiß die Rosse, weiß das Gespann und der Strand, über den sie hinwegjagten. Das Meer spritzte weiß auf, als sie sich hineinstürzten. Gleich darauf waren sie in den Fluten versunken. Das Opfer für den

Gott bezeichnete den Beginn der Wettkämpfe im Stadion. Gespanne mit kostbaren Pferden. Pfeilschnell flogen sie dahin. Runde um Runde, Stunde um Stunde. Die Augustsonne brannte unbarmherzig nieder. Staubwolken wirbelten auf. Die Menge jubelte. Am Abend dann zogen sie in Scharen zum Tempel hinauf. Allen voran die Sieger, umkränzt von Zweigen der Silberpappel, deren Laub Helios' Eigentum war. Vor dem Gott neigten sie demütig ihr Haupt. Sie waren schnell gewesen. Sie hatten gesiegt. Doch gottgleich war keiner.

Die Rhetorikschule

Ich sah andere Bilder, dem Geistkind Apollon zugewandt. Junge Männer füllten die Ränge des Odeions und lauschten andächtig den Worten ihres Lehrers. Es war jene Zeit des zweiten und ersten vorchristlichen Jahrhunderts, als Rhodos seine geistige Hochblüte erlebte. Die rhodische Rhetorikschule hatte bereits weithin Berühmtheit erlangt, und große Philosophen lehrten hier. Pompejus, Cassius, Brutus, Cicero und Cäsar: Nicht als Lehrer, nein, als Schüler saßen sie genauso jung und unbedeutend wie alle anderen auf den Zuhörerbänken. Ich lauschte in die Worte hinein, die von einem neuen Weltbild sprachen, vom Menschen als geistigem Wesen, von den Grenzen der Physik und den Möglichkeiten der Metaphysik, von Ethik und hohen Idealen. War nicht alles auf dieser Welt schon einmal gesagt und noch öfter gedacht worden? Ich fühlte in mir den Wunsch aufsteigen, einmal ein Buch zu schreiben, das am Ende nichts hat als leere Seiten. Ein wortloses Buch! In dem jeder liest und alles versteht!

Von Rhodos fuhr ich auf der Küstenstraße nach Westen, um Ialyssos, eine der drei antiken Hauptstädte der Insel, zu besuchen. Entlang der Bucht von Trianda sah ich die Schattenseiten der Sonneninsel: Hotelbauten an Hotelbauten, Zeichen eines rasant gewachsenen Tourismus. Hier irgendwo zwängte sich, bis die Bagger einer Hotelgroßbaustelle keinen Wurzelballen mehr auf dem anderen ließen, die einst als wildromantisch besungene Sandruli-Schlucht in den Filerimos. Ein Drache – so erzählt die Sage – habe sich anno 1342 inmitten des sumpfigen Geländes in einer Höhle häuslich eingerichtet und von dort aus die Inselbewohner tyrannisiert. Dem Edelmann Dieudonné, einem tapferen Kreuzritter, ging das Ungeheuer nicht aus dem Sinn, und er zog aus, eine Heldentat zu begehen. Dabei machte er erst einmal einen Umweg über sein heimatliches Gut in Frankreich und übte sich anhand einer Tierattrappe aus Pappe im Erlegen von Drachen. Was dann geschah, kennen wir fast alle aus leidvollem Schülerdasein: Dreihundert Verszeilen zum Auswendiglernen aus Schillers Heldenlied vom »Kampf mit dem Drachen«:

Die Schlucht des Drachen

Was rennt das Volk, was wälzt sich dort
die langen Gassen brausend fort?
Stürzt Rhodos unter Feuers Flammen?
Es rottet sich im Sturm zusammen,
und einen Ritter hoch zu Roß,
gewahr' ich aus dem Menschentroß;
und hinter ihm, welch Abenteuer!
bringt man geschleppt ein Ungeheuer;
ein Drache scheint es von Gestalt
mit weitem Krokodilesrachen,
und alles blickt verwundert bald
den Ritter an und bald den Drachen.

Der Einsiedlerberg ist alt. Uralt. Als die ersten vorgriechischen Einwanderer dort wohnten, hieß er noch Achaia. Erst in christlicher Zeit entstand der Name Filerimos, »der die Einsamkeit sucht«. Hier, auf diesem Berg also lag einmal Ialyssos. Die rhodische Hauptstadt hatte sich auf den Hängen ausgebreitet, und den Gipfel krönte ein Zeus-Athene-Tempel. In antiker Zeit wurde ihr Name in ganz Griechenland im Munde geführt, denn ihr entstammte einer der berühmtesten Olympiasieger. Nichts war den antiken Griechen wichtiger als ihre Olympischen Spiele, und die Sieger brachten ihrer Stadt Ruhm und Ehre. Diagoras von Ialyssos hatte gleich dreimal hintereinander im Faustkampf gesiegt. Pindar widmete ihm daraufhin im Jahr 464 vor Christus seine bekannte 7. Olympische Ode. Es muß wohl ein Familienerbe gewesen sein, denn auch Diagoras' Söhne und Enkel traten als olympische Größen hervor. Als die Enkel ihren Großvater einmal triumphierend durch das Stadion von Olympia trugen, rief ihm die Menge zu: »Stirb, Diagoras, den Himmel kannst du nicht ersteigen.« Nach griechischem Verständnis hatte Diagoras nämlich alles erreicht, dessen ein Mensch auf Erden teilhaftig werden konnte. Er galt mehr als ein Staatsmann, Feldherr oder Dichter. Von den Göttern unterschied ihn nur noch die Unsterblichkeit.

Stadt der Olympiasieger

Ich kletterte herum auf dem Einsiedlerberg, fand nur wenige nennenswerte antike Reste. Ruinen eines dorischen Tempels, Grundmauern des Athene-Heiligtums. Die verschiedenen Zeiten wollten sich zu keinem Bild zusammenfügen, denn jede Epoche hatte eine andere überbaut. Über heidnischen Tempeln wuchsen christliche Basiliken. Solche Plätze sind überall stark. Gebet um Gebet haben ein feines Netzwerk darüber gesponnen. Wer mit leisen Schritten darüber hinweggeht oder sich dort für eine Weile still niederläßt, kann etwas von der heiligen Energie in sich hineinfließen lassen. Sie strömt aus der Erde direkt ins Herz. Zypressen sind ein Wegweiser zu diesen Orten der reinen Herzensenergie.

Auf dem Einsiedlerberg

Im Jahr 1306 setzten die Johanniter zum ersten Mal ihren Fuß auf den Filerimos. Wo zuvor über einem Tempelfundament eine dreischiffige Basilika stand, errichteten sie ihr Kloster. Es wurde von Sultan Suleiman nach seiner Inselbelagerung als Hauptquartier benutzt. Den italienischen Restauratoren ist es zu verdanken, daß das Kloster nach alten Plänen wiedererstanden ist. Die arkadengeschmückten klösterlichen Wandelgänge schwangen im schönen Gleichmaß mit den Zypressen. Spitzbogenfenster, zylindrische Eckbalkone an warmleuchtendem Stein. Der Glockenturm der Marienkirche reckte sich dem Himmel entgegen. Ein gelbweißer Margeritenteppich floß über den geschichtsträchtigen Boden.

Ich kletterte den Burgberg hinab zum Quellhaus. Hundertvierzig Stufen. Jede ein Stück Antike, von wilden Bergröschen umwunden. Ringsum wucherndes Buschwerk. Bergstille. Windsingen. Der dorische Brunnen lag wie ein kleiner Tempel am Hang. Das Kulthaus einer Quellnymphe, dachte ich. Es hätte in den anmutigen Rahmen gepaßt. Doch es war nur ein Waschhaus. Der Säulenzug mit Gesims, das Becken, die Löwenköpfe als Wasserspeier, die Mulde im Stein von den vielen abgesetzten Waschzubern, es war alles noch da. Nur die Quelle war versiegt. Unter mir hörte ich ein seltsames Schlürfen. Im Abstieg sah ich das häßliche Betonbecken, in das man die Quelle umgeleitet hatte. Kein Nymphenspiel, keine fröhlichen Wäscherinnen. Nur zwei halbwilde Bergziegen zogen ihre langen Zungen durchs Wasser und glotzten mich mit blöden Augen an.

Ich war auf den Eliasberg gestiegen, den zweithöchsten der Insel, und hatte die herrliche Aussicht genossen. Ich hatte das Tal der Schmetterlinge durchwandert und gesehen, wie die zartflügligen Wesen sich zu bunten Wolkenschwärmen in die Lüfte erhoben. Ich hatte Kirchen und Klöster besucht und überall die gleiche heilige Stille gefunden. Ich war eingetaucht in die Ritterzeit, die überall auf der Insel ihre Burgen und Festungsanlagen hinterlassen hat. Ich war mit dem Frühling durch die Ebenen gezogen, hatte einfach nur dagelegen und mich von einem Mohnblumenhimmel zudecken lassen. Ich hatte die Füße ins Meer gesteckt und das Wasser als viel zu kalt empfunden. Nun war ich wieder unterwegs in die Antike.

Kameiros – das Pompeji von Rhodos

Ende des vergangenen Jahrhunderts begannen

französische und englische Archäologen mit den Ausgrabungsarbeiten in einer bewaldeten, unbewohnten Gegend, die von den Einheimischen »Kamiros« genannt wurde. Das erste, was sie auf den umliegenden Hügeln freilegten, waren reich ausgestattete Gräber. Die gesamten Nekropolenfunde wurden in die Museen von Paris und London gebracht. Die grabungsfreudigen Italiener nahmen die Suche später verstärkt auf. Denn wo Gräber waren, mußte auch eine Siedlung gewesen sein. Und so kam Stück für Stück Kameiros, die dritte rhodische Hauptstadt der Antike, ans Tageslicht. Ihren Namen erhielt sie von dem mythischen Enkel des Sonnengottes. Hier, in Meeresnähe, bauten die Dorer eine Stadt, die enge Beziehungen mit Kreta und dem Peloponnes pflegte. Hier auch soll Althaimenes, Sohn des Kreterkönigs Katreus, an Land gegangen sein, um seinem prophezeiten Ödipus-Schicksal zu entgehen. Nach der von ihm gegründeten kretischen Siedlung auf Rhodos, »Kritinia«, wird immer noch gesucht. Im 6. Jahrhundert vor Christus wurde in Kameiros der Ependichter Peisandros geboren. Von ihm stammt die Herakleia, zwei Bände aus dem Sagenzyklus des Herakles.

Die dritte antike Hauptstadt

Ähnlich wie für die anderen beiden antiken Hauptstädte begann für Kameiros der Niedergang mit der Gründung der Stadt Rhodos um 408 vor Christus. Sie war zwar noch 800 Jahre bewohnt, wurde aber so bedeutungslos, daß die Geschichte der Insel völlig an ihr vorbeilief. So stand ich also vor einer Stadt, die niemals durch Kriege zerstört worden war. Man nennt sie das Pompeji von Rhodos. Denn nirgendwo ist die Antike auf der Insel so vollkommen und reich erhalten wie hier. Eine steinerne Stadt, eingebettet in die Mulde eines Hügels. Gleich am Eingang führte der Pfad empor zur Akropolis. Über Kiefern hinweg weitete sich der Blick auf das Meer. Herrlicher Standpunkt! Klar, unschuldig, rein. Das sind ja auch die Wesensmerkmale der Göttin, der man hier oben ihren Tempel errichtete. Die Athene Kamirados wurde als Stadtgöttin hoch verehrt. Helios-Apollon hatte seinen Sitz weiter unten, dort, wo sich auch andere Ruinen erhoben: Straßenzüge, Hausfragmente, Agora, Stoa, Brunnen, Zisternen, Altäre. Eine 2500 Jahre alte Stadt. Solche Orte muß man im Frühling besuchen. Denn nur er schafft es, mit seiner kunterbunten Farbpalette den toten Steinen Leben einzuhauchen.

Götter, Ritter und Touristen: Lindos

»Lindos!« Zergeht nicht alleine der Name schon auf der Zunge? Spricht man ihn ganz breit, mit der Betonung der Griechen und ihrem Schwingen in der Stimme, dann klingt das wie Musik. Ein weicher, heller Ton – licht, warm, einfach schön. Dieser Ton lag in der Luft, als ich nach einer letzten Biegung der Straße unvermittelt Lindos gegenüberstand. Ein rostroter Felsen. Eine Götter- und Ritterburg. Heiligkeit, Bedrohlichkeit, Menschlichkeit auch: durch das schneeweiße Städtchen, das sich wie ein Blütenkranz um den steilen Fels legte. Dahinter das Meer. Eine schützende Bucht. Ein weißer Strand. Wunderschön. Gefährlich schön. Das sind diese Orte, die magisch anziehen, die zum Aussteigen verleiten. Eine kostbare Ware. Aber auch leicht verderblich.

Lindos hatte das alles schon durchlebt und durchlitten. Erst kamen die Götter, dann die Ritter, dann die Touristen. Die kleine rhodische Halbinsel wurde bereits in den fünfziger Jahren zum Aussteigerparadies schlechthin. Hippies und Kiffer siedelten sich an, vor allem aber Maler und Schriftsteller und solche, die sich dazu beru-

Rechts: Der kleine Ort Lindos – Anziehungspunkt für Aussteiger und Urlauber

fen fühlten. Hier war Ruhe, Ursprünglichkeit, Inspiration. Hier verwirklichte sich für viele der Ausspruch »Ars longa, vita brevis« – »Die Kunst währt lang, das Leben kurz«. Hier traf ich Patrick, den englischen Astrologen, der jeden Tag aufs neue den Untergang von Lindos prophezeite. Polly Hope, die englische Schriftstellerin, war schon seit dreißig Jahren da. Ihr Roman »Black Comedy« steht Patricks Pessimismus in nichts nach. Er schildert eine Katastrophe, in der sich das Verhältnis zwischen Einheimischen und Zugezogenen radikal verändert. Dolo und Willy, das deutsche Malerehepaar, die australische Lady Susan, Mara, die Tarot-Spezialistin, die italienische Contessa Octavia und Williard, der Taucher – sie alle wollen schon seit Jahren, was die meisten Lindier taten: weggehen. Doch sie blieben, und die ausgewanderten Griechen kehrten zurück.

Da sitzen sie nun alle in den Zauberhäusern von Lindos, deren kubischer Schlichtheit ihr malerisches Innenleben oft nicht anzusehen ist, und schimpfen über die seelische Verrottung. So falsch ist das ja auch nicht, wenn man im Sommer die Szenerie von Lindos beobachtet. Durch die schmalen, weißen Dorfgassen schieben sich Touristen mit zotigen T-Shirt-Aufschriften. Der alte Eseltreiber, der seine eigene Frau nur in Schwarz und langverhüllt kennt, weiß gar nicht, wo er bei seiner weiblichen Fracht zuerst hinschauen soll: auf die nackten Beine oder den hervorquellenden Busen. Und unten am Strand machen sich die wenigen Lindier Jugendlichen einen Spaß draus, die Topless-Mädchen zu begaffen.

Doch heute lag Lindos noch im zarten Frühlingserwachen. Und ich fühlte, daß es sich hier um ein seltenes Wunder an Energie und Schönheit handelte. Der kleine Ort unter Denkmalschutz.

Nur Hufgeklapper, kein Autoverkehr. Ich bestieg einen Esel und ließ mich von ihm hinauftragen auf den Götterfelsen. Den letzten burghaften Treppenanstieg ging ich zu Fuß. Über mir Wälle, Tore, Bögen und Burggemächer. Zisternen, Kommandantenhaus, die mittelalterlichen Mauern und Zinnen, so heftig restauriert, als hätte man dringend eine Kulisse für einen Ritterfilm gebraucht. Dazu mischte sich ein wirres Durcheinander antiker Reste. Dorisches, Ionisches, Römisches. Etliche Säulen einer dorischen Halle standen aufgerichtet da. Doch ich roch förmlich den frischen Putz daran. Sie dienten dem Auge, nicht der Seele.

Ort mit uralter Geschichte

Lindos' Geschichte reicht weit zurück in die Frühzeit. Bis ins Neolithikum lassen sich menschliche Spuren zurückverfolgen. Ganz früh schon wurde hier auf dem Gipfel eine Fruchtbarkeitsgöttin mit asiatischen Zügen verehrt. Für die Griechen wurde sie zur Athene Lindia. Das ihr errichtete Heiligtum entwickelte sich zu einem der bedeutendsten religiösen Zentren Griechenlands. Aus der »Lindischen Chronik«, zwei aufgefundenen Marmortafeln, wissen wir, daß viele Größen der Antike sich hier vor der Göttin verneigten: Herakles, Menelaos und Helena, der Perserkönig Artaxerxes und Alexander der Große.

Anfangs gab es keinen Tempel, nur einen heiligen Hain. Das erste Kultbild war ein amorphes Stück Holz. Ihm brachten die Lindier unblutige, feuerlose Opfer dar aus Früchten und Süßigkeiten. Diese Kulthandlung geht auf einen Mythos zurück. Helios' Söhne Kerkaphos und Ochimos waren die ersten Menschen, die der Göttin Athene nach ihrer Geburt aus dem Haupt ihres Vaters Zeus Ehre erwiesen. Gleich nachdem Helios die Söhne von der Geburt der großen Göttin informiert hatte, bereiteten sie Athene ein Opfer. In ihrem Eifer wollte es ihnen nicht gelingen, ein Feuer zu entfachen. Die Göttin, gütig und weise, erzürnte sich darüber nicht, denn sie schätzte den guten Willen der Jünglinge. So geschah es, daß die Rhodier später ihrer Schutzgöttin feuerlose Opfer darbrachten.

Im 6. Jahrhundert vor Christus, als sich der Lindier Kleobulos, der nach Plato zu den Sieben Weisen gehörte, zum Tyrannen erhob, erhielt die Stadtgöttin einen großen Tempel mit einer Treppe, die auf den Berg führte. Zweihundert Jahre später wurde die Akropolis erweitert. Und auf der obersten Terrasse entstanden nach dem Vorbild der Athener Akropolis prächtige Propyläen. Das alles wurde ein Opfer des Feuers, bei dem auch das hölzerne Kultbild der Göttin verbrannte. Ein neuer Tempel wurde gebaut. Noch größer und prachtvoller. Dem Zeitgeist entsprechend, sah man nun die Göttin als Geschöpf aus Gold,

Lindos – Götter und Ritter beherrschten die Akropolis

Marmor und Elfenbein. Von all dem ist nichts mehr erhalten geblieben. Dennoch machten die Ausgräber auf dem Götterberg einige bedeutsame Funde. So entdeckten sie beispielsweise eine Marmorsäule des Athene-Tempels, in der Pindars 7. Ode in Gold eingemeißelt war.

Auf der Akropolis von Lindos

Ich hatte mich am höchsten Punkt der Akropolis, am Fuße der drei Säulen des Athene-Tempels, niedergelassen. Auch sie waren nicht alt. Wozu dieser Schein? Der griechische Geist und die Heiligkeit dieses Platzes waren damit nicht wieder zu errichten. Wer sie zu spüren vermochte, spürt sie auch im gefallenen Stein. Wo einmal göttliche Kraft vom Himmel herabgefleht und herniedergebetet wurde, bleibt sie für lange Zeit erhalten.

Am Ende meiner Rhodos-Reise war ich wieder an meinem Lieblingsstandort angelangt: auf der Höhe. Mit einem Blick konnte ich alles umfassen – die antiken Ruinen, die Burg, die Häuser von Lindos, die Küste, das Meer, die anatolischen Berge. In diesem einen Rundblick war so viel Schicksalhaftes enthalten, so viel Geschichte und auch so viel von der Göttin, die einst darüber waltete. Athene, die Jungfrau, die Kluge, Göttin des Krieges und auch die des Handwerks. In ihr haben sich so viele Wesenszüge – scheinbar auch ganz widersprüchliche – miteinander vereint. Lassen wir den Göttinnenmythos dort auftreffen, wo es keine Bewertungen gibt, auf unsere Seele, dann lösen sich alle Widersprüche auf. Dann kann Athene zum Leitbild eines geistigen Weges werden. Jungfräulichkeit und Klugheit sind die Wesenszüge, die miteinander Hand in Hand gehen. Das Jungfräuliche ist die Seele, die rein und wertfrei alles in sich trägt. Erst die Klugheit kann den Schatz der Seele aus seiner Tiefe heben, kann die Verknüpfungen von Gestern, Heute und Morgen erkennen und danach handeln. Nun kommt die Kunstfertigkeit des Handwerks hinzu: das Meißeln, Klopfen und Weben am Lebensweg. Leben heißt auch Krieg, Schatten, Veränderung, Läuterung. In diesem Sinn ist Athene als Schutzherrin des Krieges zu verstehen. Lieh sie nicht stets denen ihre Hilfe, die das Übel vernichten wollten? Perseus zum Beispiel, Odysseus und Herakles. Sie meisterten das Leben durch den Heldenweg. Wie sonst können wir zum Helden werden, wenn nicht im Kampf gegen unsere eigenen Schatten? Wenn wir daraus als Sieger hervorgehen, kehren wir zum Ursprung zurück.

Vor mir lag eine Kriegsfeste. Unter mir floß das Meer zeitenlos und sich immer wieder erneuernd ins Endlose. Die Luft war rein und jungfräulich. Der uralte Felsen, auf dem ich stand, gab mir etwas ab von seiner Weisheit. Und über allem lächelte die Göttin.

Mykonos – Wahrzeichen der Kykladen

In diesen glücklichen Gefilden, wo das Vernünftige auch immer von der Freude am Leben geleitet wird, sind die Maße einer dem Menschen entsprechenden Rangordnung gegenwärtig.
Le Corbusier

Die Kinder der Ägäis

Die Kykladen. Hier hat die Schönheit viele Namen. 28 Inseln und unbewohnte Eilande, Sprößlinge des Meeres. Kinder der Ägäis. Es kommt mir vor, als hätten die alten Griechen sie nach einem Fest vergessen. Ein Wunder, und man weiß nicht, welcher Gott es sich ausgedacht hat. Das Meer ohne Ende, unendlich. Der Himmel rein, leuchtend blau. Dazu das Weiß der Häuserkuben an karstigen Berghängen. Die Sonne macht das Weiß weißer, und der unablässige Seewind läßt es wehend und duftig erscheinen. Kettenförmig umringen kahle, sonnenbestürmte Inseln das kleinste Eiland der Kykladen: Delos, die Erscheinende, sich Offenbarende. Das unbewohnte, alte Herz Griechenlands. Auf Delos wurde Apollon geboren. Von hier aus ging das Licht über die Welt. Delos war Bethlehem. Heiliger Boden, Sühneplatz und Pilgerstätte. Die Leuchtfeuer der Nacht weisen den Weg zu anderen Inseln. Tinos, Marienwallfahrtsstätte und kykladisches Lourdes. Mykonos, das Sündenbabel unter den Inseln. Naxos, Brautbett von Dionysos und Ariadne. Pholegandros und Amorgos, mythische Felsen unter gleißender Sonne. Ios, Grabstätte Homers. Paros, Antiparos, Syros, Kythnos, . . . ganz im Norden Andros und tief im Süden die Vulkaninsel Santorin.

»Schließ in der furchtbaren Stunde des Todes die Augen, und siehst du dann Santorin oder Naxos, Paros oder Mykonos, so kommst du sicherlich ins Paradies, ohne daß die Erde dazwischentritt. Denn was sind Abrahams Schoß und die immateriellen Gebilde des christlichen Paradieses vor dieser griechischen Ewigkeit aus Wasser, Stein und frischer Sommerbrise.«

Ich war noch ganz vertieft in Nikos Kazantzakis' Buch »Im Zauber der griechischen Landschaft«, als die Stewardeß ankündigte, wir würden in wenigen Minuten auf Mykonos landen. Von Windböen geschüttelt, begann der kleine zweimotorige »Islandhopper« seinen Sinkflug. Über den rechten Flügel hinweg sah ich die Insel in ihren überschaubaren Ausmaßen liegen. Ein dunkles Dreieck im kykladischen Meer. Gneis und Granit. Die Härte wurde etwas gemildert durch eingesprenkeltes Weiß. Ihren Namen, schien es mir, trug sie zu Recht: »muc on«, »arme Erde«. Die Phönizier tauften sie so.

Der Meltemi

Ich war gekommen, um gleich wieder zu gehen. Mykonos sollte nur Sprungbrett sein für die Fahrt hinüber nach Delos. Doch dann blieb ich, gezwungenermaßen: zwei Tage, drei, es wurde ein vierter. Schon als ich aus dem Flugzeug stieg, blies mir fast orkanartig der Meltemi entgegen. Dieser Nordwind gehört zu den Kykladen wie das Eis zur Arktis. In den Sommermonaten schwillt er mitunter an zu einem unberechenbaren Sturm, treibt Tische, Stühle und alles Bewegliche vor sich her. Selbst die Kirchenglocken bringt er ungewollt zum Läuten, weswegen er auch »Kambanatos« – »Glockenwind« genannt wird. Wenn er mit wütender Heftigkeit über Meer und Inseln fegt, verläßt kein Schiff den sicheren Hafen. Niemand vermag zu sagen, wann seine

Angriffslust ihn verläßt und seine Kräfte sich erschöpfen. Das kann Tage dauern, manchmal sogar Wochen.

In den ersten Stunden meines Aufenthaltes fragte ich mich, was es eigentlich ist, das Mykonos zu einem Magneten, ja zum Wahrzeichen der gesamten Kykladen macht. Denn unter ihresgleichen hat die Natur es als Aschenbrödel behandelt. Seine landschaftliche Szenerie zeichnet sich weder durch Schönheit noch Größe oder archäologische Attraktionen aus. Ich fand den Taxifahrer unfreundlich, das Hotel angemessen teuer, und der Wind zerrte an meinen Nerven. Irgend etwas drang durch von den uralten mythologischen Bildern, die Mykonos zum kriegerischen Schauplatz zwischen Göttern und Giganten machten. Von hier rückten die Erdgeborenen gegen die versammelte Götterwelt vor, warfen Felsbrocken und Bergkuppen nach ihnen. Herakles aber, der leidgeprüfte Held, schoß sie mit vergifteten Pfeilen nieder. Tief unter der Insel soll er die Frevler vergraben haben. Ihre Waffen jedoch – riesige Granitblöcke und Steine – hat er wohl vergessen wegzuräumen. Sie übersäen heute noch die karge, verbrannte Erde.

Die Stadt – Orgie in Weiß

»I lefki Mykonos« – »weiße, leuchtende Stadt«: Als ich sie sah, wußte ich, warum man die Insel »Perle der Ägäis« nennt. Der Titel gebührt ihrer Hauptstadt. Alle kykladischen Orte sind weiß. Mykonos aber ist eine Orgie in Weiß. Man sieht Weiß, geht auf Weiß, riecht, schmeckt Weiß. Es gibt keine Steigerung mehr. Ich wähnte mich in afrikanischer Welt, nicht in griechischer. Denn griechische Architektur und Kunst strebten seit jeher zur Farbe. Die Fresken, Wandmalereien und Keramiken der Antike schimmern in allen nur denkbaren Tönen. Das warme Rot, das dichte

Safrangelb, das Grün der Natur, überall finden wir es heute noch an Häusern und Kirchen. Und wie bunte Farbkästen auf tiefem Blau liegen in allen Häfen die Fischerboote. Der französische Bildhauer Auguste Rodin hat einmal treffend bemerkt, daß die Griechen gleichzeitig mit der Form die Farbe suchten, weil das eine das andere stütze und ergänze.

Ich habe lange versucht zu ergründen, warum speziell für die Kykladenbewohner Weiß die wichtigste Farbe ist. Die vordergründigste Erklärung klingt ebenso pragmatisch wie einleuchtend. Unter dem Weiß der Häuser, Treppen, Innenhöfe und gepflasterten Gassen verbergen sich meist nur rohe Steine, Strohbündel zum Abdichten und anderes spärliches Baumaterial. Das wird übertüncht, um die Armut zuzudecken. Außerdem dient die billige Kalkmilch nicht nur zum Färben, sondern zum Desinfizieren und Reinigen. Doch mir scheint dieses Putzen und Streichen gleichzeitig eine symbolische Handlung zu sein, ein Zufall, daß die Menschen ausgerechnet zu Ostern und zu Mariä Himmelfahrt ihre Häuser frisch kalken? An den christlichen Feiertagen der »Auferstehung« und des »Auffahrens gen Himmel«? Das schuldige Leben wandelt sich zu Unschuld, die Materie zu Geist, die Erneuerung vollzieht sich im göttlichen Licht.

Weiß ist im Sinne der Farbenlehre keine Farbe. Es ist Licht, reines, ungebrochenes Licht, das nur auf einer Wellenlänge schwingt. Es ist die Farbe der Transformation und Initiation, symbolisiert Unschuld und Reinheit. Dem Weiß am nächsten ist Blau, die Farbe der Spiritualität. Die Kykladen schwelgen in Blau. Himmel und Wasser vereinigen sich darin. Die Kirchenkuppeln sind lauter kleine Himmelsgewölbe. Mykonos macht da die

Von Mykonos' vielen Windmühlen sind nur noch wenige in Betrieb

bekannte Ausnahme von der Regel. Seine Kirchenkuppeln leuchten in Rot, der heiligen Farbe.

Ich liebe Weiß und trage es unabhängig von Jahreszeiten, Stimmungen und Anlässen. In ihm fühle ich mich klar und aufgerichtet, und es schafft auch eine gewisse Distanz, die nicht alles von außen in mich eindringen läßt. Ähnliches empfand ich auch bei Mykonos. Die weißeste aller weißen Städte nimmt geduldig auf, was sich tagtäglich an Touristenscharen in sie ergießt. Sie läßt sich bewundern, bestaunen, aber nicht gänzlich vereinnahmen. Da bleibt ein Stück Reserviertheit, Unberührbarkeit. Ein Abgegrenztsein, das auch von den Menschen abstrahlt. Es ist ihnen nicht zu verdenken. Knapp 4000 Einwohner, davon leben rund 3600 in dem Hafenstädtchen, stehen jährlich einer Invasion von mehr als 250 000 Fremden gegenüber. Die breiten sich aus, stülpen ihre eigenen Spielregeln über die Lebensgewohnheiten der Mykonioten. Savoir-vivre und chacum à son goût, viel nackte Haut und Extravaganzen.

Da ist es schwer, eigene Werte zu bewahren. Mykonos gilt als Sündenbabel, als Sireneninsel der unbegrenzten Möglichkeiten. Himmel und Hölle, hohe Spiritualität und dunkle Energien, hellstes Licht und lange Schatten – Mykonos hat alles um sich versammelt.

Gegen den Rhythmus leben

Dem Rummel der Insel zu entgehen und trotzdem ihren Zauber zu erfahren, heißt, gegen den Zeitrhythmus der Fremden leben. In den frühen Morgenstunden, wenn die letzten Nachtschwärmer gerade ins Bett gegangen waren, nahm ich meinen Bummel durch die Stadt auf. Ich ließ mich treiben durch das Gewirr von Gassen. Wo am Nachmittag Schmuckstände, Postkartenverkäufer, bunte Tücher und T-Shirts an geöffneten Läden Orientierungsmöglichkeiten boten, war jetzt nur Weiß und Stille. Noch fehlte das Licht, das Konturen zeichnete, Kontraste hervorhob, Abgrenzungen deutlich machte. Die Häuser faßten sich an den Händen. Wände Mund an Mund. So dicht, daß selbst der unablässige Wind keinen Schlupfwinkel zum Eindringen fand. Meine eigenen Schritte hallten wider in den verschachtelten Gängen. Und kein Mensch war da, der mir den Ariadne-Faden in die Hand gab, um aus diesem Labyrinth herauszufinden.

Es war nur eine Frage der Zeit, irgendwann stieß ich auf eine der Stichgassen zum Hafen. Dort war alles übersehbar. Eine Bühne, zu deren erstem Akt gerade der Vorhang aufging. Die Stadt erhob sich um das Halbrund des Hafenbeckens wie ein naturgeschaffenes Amphitheater. Kubische Häuser, Würfel ineinander verschachtelt, Taubentürmchen, Windmühlen. Aus dem ätherischen Weiß tauchten wie bunte Farbtupfer die Kuppeldächer der zahlreichen Kirchen und Kapellen auf. Dieses Bild trug den Stempel der

Schöpferkraft – schlicht, schön, von einer seltenen Harmonie. Le Corbusier, der immer wieder von der Architektur die Beachtung natürlicher Lebensformen und natürlicher Ordnungen forderte, schrieb 1935 nach seinem Besuch auf Mykonos: *»Wir entdeckten ewige Häuser, lebendige Häuser von heute, die weit in die Vergangenheit zurückreichen und deren Querschnitt und Grundriß genau das sind, was wir uns seit mehr als zehn Jahren vorgestellt haben.«*

Die Enkel der Freiheitskämpfer

Ich ließ mich nieder an einem Hafencafé, das gerade erst geöffnet hatte. Die Tische und Stühle waren mit Steinen beschwert und aneinander festgebunden, damit der Wind sie nicht forttrug. Ein paar Fischer hockten herum, brummelig, schlechtgelaunt. Sie warteten wohl wie ich, daß das Meer sich beruhigte und sie wieder ausfahren konnten. »Avrio, mesavrio« – »morgen, vielleicht übermorgen!« In ihren rauhen, bärtigen Gesichtern schimmerten die Ahnen durch. Seefahrer, Piraten, Freiheitskämpfer. Ihre Urgroßväter hatten mitgemischt bei der griechischen Erhebung gegen die Türken im Jahr 1821. Mutige, verwegene Männer. Aber auch eine junge Frau war dabei. Manto Mavroyennous. Sie stellte eine kleine kampffähige Flotte zusammen, und ihrer Entschlossenheit war es zu verdanken, daß der Landeversuch des türkischen Kapudan Pascha auf der Insel abgewehrt werden konnte. Die Mykonioten haben ihrer Heldin ein Denkmal gesetzt und den Hauptplatz der Stadt nach ihr benannt.

Noch ein anderes Denkmal, mehr ein Wahrzeichen, ist von Mykonos nicht wegzudenken: Petros, der Pelikan. Unzählige Photographien zeigen ihn rund und wohlgenährt mit Jackie Onassis, der Callas, Yehudi Menuhin, den Reichen und Schönen dieser Welt. Doch Petros ist nicht mehr.

Seine sterbliche Hülle steht seit 1985 ausgestopft im Museum von Mykonos. Bo Patrick, amerikanischer Lebenskünstler, Galerie- und Barbesitzer auf der Insel, widmete ihm sogar ein Buch: »Weiß mit rosa Federn«. Ich traute an diesem Morgen meinen Augen nicht, als ich plötzlich Petros Flügel an Flügel mit einer Partnerin die Hafenmole entlangspazieren sah. Der Café-Besitzer holte ein paar Fische aus seiner Tiefkühltruhe, fütterte die beiden und stellte sie mir lachend vor: »Petros II. und Irene II.« Er kam 1986 aus dem Münchner Zoo, sie aus Paris. Eine deutsch-französische Liebesaffäre nahm ihren Anfang, und auf Mykonos war die Welt wieder in Ordnung.

Mittags um eins. Die Stunde ohne Schatten. Die Stunde der Wahrheit. Flirrende Hitze. Gleißende Helle. Siesta an Stränden und in verdunkelten Räumen. Der Meltemi ist kurzfristig eingeschlafen. Die Windmühlen ruhen aus. Das Hafenstädtchen gehört mir. Die Sonne schickt ihr Licht senkrecht in die Gassen, erreicht auch den letzten Winkel. Gipsweiße Würfel, mehlweiße Hausmauern, milchweiße Sträßchen, schneeweiße Höfe. Weißgebacken die alten venezianischen Wälle, kaolinweiß die mittelalterlichen Kirchen. Von allen ist Panaghia Paraportiani die schönste. Sieben Kirchen, durch immer neue Kalkschichten ineinander verwoben. Zuckerbäckerwerk und Glanzstück kykladischer Volkskunst. Diese Stunde des strahlendsten Lichtes auszuhalten, ist nicht leicht. Ihre Klarheit ist fast schmerzhaft. Nichts läßt sich schönen, verstecken. Jedes noch so kleine Detail tritt hervor, das sonst im Schatten des Ganzen verschwindet. Die steingemauerten Sitzbänke, die blauen und grünen Treppengeländer, die winzigen Balkone, ein einzelner Blumentrog. Alles fordert Beachtung. Jede Unebenheit, jedes

Links:
Klein-Venedig in Mykonos – Lieblingsplatz der Maler

Stück Abfall, die achtlos fortgeworfene Zigarettenkippe, das Kaugummi an der Tischkante.

Ich dachte, dies müsse die Stunde der Maler und Bildhauer sein, in der sie sich üben konnten in Konzentration und Wahrnehmung. Aber ich sah sie erst am frühen Abend, als die Häuser von Mykonos einen goldschimmernden Ton anzunehmen begannen. Sie saßen auf ihren Klapphökkerchen unten im venezianischen Viertel, das zweifellos die romantischste Ecke von Mykonos ist. Wie in der italienischen Stadt erheben sich die Häuser direkt am Meer. Weiße Fassaden auf Holzstelzen. Vorspringende Erker und über das Meer hinausragende Holzbalkone. Die Brandung gischtet manchmal bis zum ersten Stock hinauf. Nur die fünf Windmühlen auf dem gegenüberliegenden Hügel wollen nicht so recht in das Bild passen.

Karges Land im Sturm

Ich fand auf Mykonos kaum Schlaf. Der starke Wind rüttelte im unregelmäßigen Stakkato an den Fensterläden. Aus den Nachtbars dröhnte die Musik, und das Johlen der Spätheimkehrer hallte durch die Gassen. Auch am nächsten Tag ging kein Schiff. So nahm ich den Kampf mit dem Meltemi auf und fuhr mit dem Motorrad gegen ihn an über die sturmgepeitschte Insel.

Karges Land. In großen Wellen läuft es hügelauf, hügelab, wie dunkler Marmor von weißen Adern durchzogen. Das Weiß gehört zu den Steinmauern, die die Felder voneinander abgrenzen und gleichsam in der Wellenbewegung von Hügeln und Tälern mitschwingen. Schön geformt, gleich Tempelchen, erheben sich auf vielen Feldern Taubenhäuser. Sie sehen aus wie filigrane arabische Mausoleen. Auf Kirchen und Kapellen trifft man häufiger als auf Häuser. Fast vierhundert sollen es sein. Keiner hat sie je wirklich gezählt. Ob Kapitän, Matrose oder Fischer – jeder sucht ein gutes Verhältnis zum Meer, und das heißt: zu den Heiligen. So entstanden all die Kirchlein, und so vermehren sie sich laufend. Lauter Gelübde und Gebete.

Auffallend ist die geringe Besiedlung der Insel. Einzelne weiße Würfel, in geschützte Mulden geduckt. Einraumhäuser werden sie genannt. Winzige Schachteln, die das Minimum an Lebensraum geben, in dem die Familie wohnt, kocht, ißt, schläft. Das einzige zusammenhängende Dorf heißt Ano Mera. Der kleine Ort schrumpft angesichts des mächtigen Klosters in seiner Mitte auf Winzigkeit zusammen. Wehrhaft und abweisend wirkt das mittelalterliche Kloster. Eine Bastion Gottes und zweier alter Mönche, die mit strengem Blick darüber wachen, daß nur eintritt, wer züchtige Kleidung trägt. Innen jedoch ist Panaghia

Ein Ort der Ruhe und Beschaulichkeit: Der Innenhof des Klosters Panaghia Tourliani auf Mykonos

Tourliani ein Hort der Ruhe. Ein Paradiesgärtlein aus Stein und Blumen, warm und einladend. Der Blick wandert über die schönen, schlichten Arkadenbögen, hält fest an dem reliefgeschmückten Glockenturm. Viele kleine Stufen führen hinauf auf das Kreuzkuppeldach der Klosterkirche. Man schreitet über heiliges Rot. Steingewölbe, Himmelsgewölbe, Gottesnähe.

Konzentration auf das »Eine«

Wenn ich mich an Mykonos rückerinnere, dann fällt mir immer das Wort »einmalig« ein. Aber nicht im Sinn der gernbenutzten Superlative. Es ist vielmehr die Konzentration auf das »Eine«, das Einzigartige, das Archetypische. Ein vereinzelter Baum, der irgendwo aus dieser nackten, unfruchtbaren Insel herauswächst, erscheint wie ein Wunder, eine entrückte Vision der Erde. Es sind die *eine* Blume, der *eine* antike Stein, der *eine* Brunnen, das *eine* Grab, die die Aufmerksamkeit ganz und gar auf sich ziehen. Hier gibt es keine Ablenkung, kein unruhiges Suchen des Auges, weil nichts Vergleichbares existiert.

Während ich hinaufstieg zum Elias, der höchsten Erhebung der Insel, fielen mir die Worte von Erda, der Urmutter, in Wagners Götterdämmerung ein: *»Mein Schlaf ist Träumen, mein Träumen Sinnen, mein Sinnen Walten des Wissens.«* Die Steine, Fels und Granit schliefen, träumten, wußten. Unter mir im Meer, fast zum Greifen nah, lag Delos. Dort traten durch die Geburt Apollons das Wissen und das Licht in die Welt. Ein seltsames Sehen erfüllte mich, der eine immer wiederkehrende Wunsch: »Ins Licht, ins Licht!« Wie zum Geschenk legte sich der Wind mir zu Füßen und erstarb. Morgen, ja morgen konnte ich nach Delos fahren.

Delos – das alte Herz Griechenlands

O gottgebaute Insel, sei gegrüßt,
Der glanzgelockten Leto Kinder liebstes Reis,
Tochter des Meeres, unserer weiten Erde stetes Wunder;
Welche die Sterblichen »Delos« nennen,
Doch im Olymp die Seligen droben
»Weithinleuchtenden Stern der dunklen Erde«.
Pindar

Es war nur ein einziges Schiff, das am Morgen hinüber nach Delos fuhr. In der Nacht war wieder Wind aufgekommen. Die Bootsmänner beobachteten besorgt, wie er in den geschützten Hafen hineindrückte und die Schiffsleiber aneinanderschob. Das Reiben von Holz an Holz ergab ein häßliches Knirschen. Nein, das Risiko war ihnen zu groß. Nach langem Hin und Her, Bitten und Betteln war Stavros, ein bärtiger Hüne, schließlich bereit, uns nach Delos zu bringen. Wir waren zu fünft. Die anderen würden wieder zurückfahren. Ich wollte die Nacht über auf der Insel bleiben. Es war eine stürmische Überfahrt, ein gewaltiger Ritt über die Wellen. Das Meer rang unaufhörlich mit dem Wind. Wie ein Spielzeug wurde unser Schiff zwischen den beiden Elementen hin und her geworfen. Himmel und Wasser. Mal oben, mal unten. Das Brausen und Dröhnen im Ohr. Gleißende Helle. Milliarden Lichtpartikel, von der schäumenden Gischt zersprengt und hochgeschossen. Lichtzauber, Zauberlicht. Apollonisches Licht.

Plötzlich war alles vorbei. Als das Schiff die Inselspitze von Delos umfahren hatte und sich hineinschob in die kleine antike Hafenbucht, war kein Wind mehr da, kein wildes Wellen- und Funken-

Delos, die heilige Insel des Gottes Apollon

gestöber. Stille. Schweigen. Ich hatte das Gefühl, die Welt und der Wind seien ausgesperrt worden. Es gab keine Spannungspole mehr, nichts mehr, das sich aneinander reiben konnte. Es gab nur noch Augen-Blick und Seelen-Blick. Die Insel vor unseren Augen, die mythologischen Bilder in unserer Seele. Ich sprach mit den anderen darüber. Für sie war es das gleiche. Und noch etwas empfanden wir alle gemeinsam: Das Licht hier war anders. Noch klarer, reiner, leuchtender, intensiver als an irgendeinem Ort in der Ägäis. Es entsprach dem C-Dur in der Musik, der Tonart des hellsten Lichtes. So wie Mykonos die weißeste aller weißen Städte ist, so erschien mir an diesem Ort das Licht seine absolute Steigerung zu erfahren.

Delos ist Mythos und archäologische Stätte. Durch beides wird die unbewohnte Insel zum lebendigen Wesen. Wem Mythos nichts bedeutet, der sollte besser nicht nach Delos fahren. Ohne Mythologie ist die Archäologie Lumpensammlerei und Delos ein Müllabladeplatz der Geschichte. Wir stehen mit dem Wort »Mythos« auf dem Boden griechischer Geistigkeit. Für die alten Griechen existierte der Mythos im Draußen, in der Welt. Heute lebt er nur noch in uns. Indem wir ihn erkennen und anerkennen, sagen wir »ja« zu unserem mythologischen Bewußtsein. Diese schöpferische Quelle fließt unermüdlich und zeigt uns, daß jede Lebenswanderung im Außen eine Wanderung zu uns selbst ist. Und wenn wir bereit sind, uns vom Tempo des Wanderns auf das des Fahrens zu verlegen, dann erfahren wir uns. Der Mythos sagt: *»Du wanderst immer zu dir selbst, du er-fährst immer dich selbst.«*

Delos ist Mythos

Delos also ist Mythos, Sonnenmythos. Göttinnenkörper, auf der die Titanin Leto Apollon gebar. Dieses wohl anmutigste Kapitel griechischer Mythologie zeigt uns die Irrungen und Wirrungen der Götter und verleiht ihnen menschliche, allzu menschliche Züge. Begonnen hatte alles bei Adam und Eva beziehungsweise bei Zeus und Asteria. Der liebestolle Göttervater verliebte sich in die Sternengöttin. Die aber verweigerte sich ihm, nahm Gestalt einer Wachtel an und floh. Zeus, zum Adler verwandelt, hatte sie gerade eingeholt, da ließ sie sich ins Meer fallen und blieb unter den Wellen verborgen. Bei Asterias Schwester Leto hatte Zeus mehr Glück. Er verführte sie, und sie wurde schwanger. Sobald die ewig eifersüchtige Zeusgattin Hera davon erfuhr, entsandte sie die Schlange Python, die Leto überallhin verfolgen sollte, und bestimmte, Leto dürfe nur dort gebären, wo noch nie ein Strahl Sonne hingefallen sei. So flüchtete die Titanin mit einem Zwillingspaar unter dem Herzen von Ort zu Ort. Asteria, die, als Stein verwandelt, sich immer noch unter den Wellen vor Zeus verborgen hielt, hatte Erbarmen mit der Schwester. Sie tauchte auf, zuvor noch nie von einem Lichtstrahl berührt, und bot sich Leto als Geburtsort an. Schon in den Wehen, versprach die Titanin, auf dem Körper Asterias solle das größte Heiligtum für den ungeborenen Sohn entstehen.

Nachdem Leto auf der Insel Rhenia der Artemis das Leben geschenkt hatte, durchquerte sie die schmale Meerenge, um zu dem steinernen Körper ihrer Schwester zu gelangen. Der schwamm nun nicht mehr ziellos im Meer umher, sondern war, für alle sichtbar, von Poseidon mit seinem Dreizack fest auf Grund verankert worden. So wurde aus Asteria Delos (delein epoiesen – die Sichtbare, die Erscheinende). Neun Tage lag Leto in den Wehen, konnte Apollon nicht zur Welt bringen, weil Hera Eileithyia, die Göttin der Geburt, zurückhielt. Doch endlich ließ diese sich von den anderen Göttinnen mit einem goldenen Halsband bestechen, flog herbei, und Leto gebar kniend, im Schatten einer Dattelpalme, den Gott. Alsbald verwandelte sich das felsige Eiland in einen blühenden Garten. Der Vogel der Morgenröte rief sein Entzücken der Sonne zu, und Schwäne zogen ihre Kreise im heiligen See. Apollon aber, genährt mit Nektar und Ambrosia, sprengte die Windeln, stand in vollkommener Gestalt da, und auch das Band der Zunge war gelöst: »Die goldene Zither«, sprach er, »soll meine Freude sein, der gekrümmte Bogen meine Lust, und in Orakelsprüchen will ich die dunkle Zukunft prophezeien.« Damit schritt der blühende Jüngling aus, über die Inseln, das Meer und die Berge, schnell wie ein Gedanke,

Die Geburt eines Gottes

bis hinauf zum Olymp in die Versammlung der übrigen Götter. So war sein Einstieg in die Welt besiegelt, und sein Gastspiel auf Delos beendet.

Der Lichtpunkt der Alten Welt

Delos aber wurde zum Lichtpunkt der Alten Welt. Heilige Insel. Zugleich Rom und Jerusalem. Radnabe, um die der Ring der Kykladen kreist. Letzter und zugleich bester Ankerplatz zwischen Europa und Asien. Schnittpunkt der Seehandelswege zwischen Kreta und den Dardanellen. Fast tausend Jahre lang war dieses kleine, unscheinbare Eiland der politische und religiöse Mittelpunkt der Ägäis. Fünfundzwanzig Generationen Leben. Nur Leben! Denn auf Delos, so verlangte das Orakel, durfte nicht gestorben werden, auch nicht geboren. Licht ist das »Jetzt«, der Augenblick. Es kennt kein Vorher und Nachher. Verwandlung und Alter, Verfall und Siechtum beleidigen den Gott. Wenn die Augen erstarren, wendet Apollon sich ab.

So ist Delos' Geschichte ganz und gar vom Mythos bestimmt und durchdrungen. Doch anders als der Mythos trägt die Geschichte nicht rein griechische Züge. Man stieß bei Ausgrabungen in Delos auf eine Kultstätte aus dem dritten vorchristlichen Jahrtausend, die einer mykenischen Göttin zugeordnet wird. Und bevor die ionischen Seefahrer um die Wende des ersten Jahrtausends ihren Apollon-Kult nach Delos brachten, war die Insel längst von Karern aus Kleinasien besiedelt. Götter werden zeit- und raumlos geboren. Und sie sind wandelbar. So spielt es wohl auch keine Rolle, daß Apollon mit kleinasiatischen Zügen bereits im Heiligtum von Didyma (heutige Türkei) verehrt wurde, bevor er auf Delos das Licht der Welt erblickte. Auch Mutter Leto und Schwester Artemis sind Nachfolgerinnen viel älterer orientalischer Fruchtbarkeitsgöttinnen. Die im Mythos beschriebene Verfolgung der orientalischen Leto durch die griechische Hera spiegelt möglicherweise die Schwierigkeit, mit der die Götter aus dem Osten ihren Platz im griechischen Kultleben eroberten.

Wallfahrts- und Verwaltungszentrum

Tausend Jahre Geschichte und zweitausend Jahre »schweigende Steine«, das läßt sich in wenigen Sätzen kaum zusammentragen. Delos als panhellenistisches religiöses Zentrum. Der Apollon-Tempel wächst zu monumentaler Größe heran. Von Athen aus fahren alljährlich die Wallfahrerschiffe nach Delos. Allen voran das blumenbekränzte heilige Schiff, in dem Theseus mit den sieben Jünglingen und Jungfrauen nach Kreta fuhr, dort den Minotauros erschlug und glücklich heimkehrte. Priester und Priesterinnen, im Gefolge prächtige Festgesandtschaften, sie alle ziehen über das Meer, um bei den Delischen Spielen die Geburt Apollons zu ehren. Wettkämpfe und kultische Rituale, fromme Spiele, bei denen Mädchen und Jünglinge den Tanz der Kraniche tanzen. Niemand durfte getötet werden, solange die Wallfahrerschiffe unterwegs waren. Auch Sokrates, der schon seit Wochen verurteilt im Gefängnis saß, konnte den Schierlingsbecher erst trinken, als die Boote wieder in den Hafen von Piräus zurückgekehrt waren.

Als die Hellenen unter Führung Athens im Jahr 477 vor Christus, nach dem großen Perserkrieg, den Attisch-Delischen Seebund schließen, erreicht Delos den Höhepunkt seiner Blütezeit. Die Insel wird Versammlungsort des Bundesrates und übernimmt die Verwaltung des Bundes-

Triumph des Lebens und des Lichtes – obwohl die Köpfe rollten, ist dies auf Delos überall spürbar

schatzes. Damit ist sie nicht nur religiöses, sondern auch politisches Zentrum. Im Auf und Ab der Geschichte steht sie nacheinander unter makedonischer, ägyptischer und römischer Kontrolle. Apollon bleibt zwar weiterhin der beherrschende Gott der Insel, aber der Götterhimmel auf Delos wird, wie die Bevölkerung, kosmopolitischer. Ägyptische und syrische Gottheiten nehmen Platz in den für sie errichteten Tempeln. Als Rom 166 vor Christus die Insel an Athen zurückgibt, ist Delos auf 30 000 Einwohner angewachsen. Es ist heute kaum mehr vorstellbar, wie so viele Menschen, ihre Häuser und Heiligtümer auf dem winzigen Eiland mit seinen knapp fünf Kilometern Länge und 1300 Metern Breite Platz hatten.

Der Herzschlag der Alten Welt verlangsamt sich. Die letzte Phase der Blüte von Delos ist nicht von langer Dauer. Mithridates von Pontos versucht, Griechenland von den Römern zu befreien. Da Delos sich auf die Seite Roms stellt, läßt Mithridates nach der Eroberung die Insel plündern und die meisten Bewohner töten. Den Rest übernehmen herumstreunende Piratenbanden. Das alte Herz Griechenlands hat aufgehört zu schlagen. Als der Geschichtsschreiber Pausanius Delos im 2. Jahrhundert nach Christus besucht, findet er eine verödete, menschenleere Insel vor. Auf der Seefahrerkarte ist Delos ein winziger, unbedeutender Punkt, nicht lohnenswert, um angefahren zu werden. Nur einmal noch hat es großen Besuch. Im Jahr 362 kommt der römische Kaiser Julian und bringt Apollon ein letztes Opfer.

Stein, Marmor und Licht

Ich war dankbar für den Wind, der dem Meer weit draußen Schaumkronen aufsetzte. Er gab die Gewähr, daß heute kaum mehr Schiffe Delos anlaufen würden. Die kleine Gruppe meiner Mitreisenden hatte sich längst auf der Insel verstreut. Allein mit Delos. Kann das Leben so still sein? Kein Laut und kein Schatten, kein Ruf und keine Bewegung. Kein Mensch, kein Tier. Nur Stein, Marmor, Licht. Wie schwierig war es, damit umzugehen oder eben nicht damit umzugehen. Nur zu schauen, den Augenblick erleben. Zu sein. Ich dachte: »Dies also war der Hafen, in dem die Schiffe kamen und gingen.« Und war nicht mehr im Sein. Ich spürte den Bildern nach, die dazu auftauchten. Und war nicht mehr im Sein. Erlebtes ist etwas ganz anderes als das Erleben selbst. Das Erlebte ist eine Schranke, die sich vor das Erleben legt. Es sind der innere Beobachter, Kommentator, Zweifler, Bewerter, die unser Erleben verhindern.

Alles Erlebte *war*. Es hat sich bereits im Netz der Zeit verfangen, ist Erinnerung geworden, die nur mehr auf den Anruf der Gegenwart wieder zu neuem Leben erwacht. Dann überschattet es mit seinem Gewicht die Gegenwart und bewirkt, daß das Erleben zum Erlebten wird. Wie gierig stürzt sich unser Denken auf jedes Erleben, um es seinem Hort an Assoziationsmöglichkeiten und Erinnerungsketten einzuverleiben. Wie eilfertig macht es sich daran, alles Neue zu zerdenken und es so in Altes zu verwandeln. Dabei unterscheidet es scharf zwischen dem Erlebten und dem Erlebenden und reißt so die alte Kluft des Dualismus wieder auf. Im Zustand des Erlebens gibt es nämlich weder den Erlebenden noch das Erlebte. Der Stein, der Marmor, das Licht werden durch keinen Außenstehenden erlebt, sie sind vielmehr das Erleben selbst. Ich wußte im gleichen Augenblick, in dem ich über das alles nachdachte, wie tief ich selbst in diesem Dualismus verfangen war. Wie müßig war es, über diesen Zustand reinen Seins nachzusinnen oder zu meditieren. Er läßt sich nicht anstreben denn erreichen. Solange wir noch etwas machen müssen – gedanklich oder tatsächlich –, sind wir Wollende, aber nicht Seiende. Erst wer die dualen Kräfte überwunden hat, wird *Weiser* und *Seher* zugleich.

Das ist die Botschaft, die im Wesen Apollons liegt. Die Geburt des Lichtgottes, des Weisen, des Sehers. Durch den Sonnenmythos vollzieht sich die

Geburt des geistigen Menschen. Denn da wirken Zeus und Leto (in anderen Versionen Zeus und Gaia) zusammen, damit Apollon geboren werden kann. Die Seele muß sich dem Geist hingeben, Leto dem Zeus, damit das Geisteskind Apollon das Licht der Welt bringen kann. Diese Dreiheit findet sich ebenfalls im ägyptischen Mythos. Hier befruchtet der »Geistvater« Osiris die »Stoffmutter« Isis, und es erwächst daraus das Horuskind. Auch die Orakelgebung im Innern des Tempels von Delphi zeigt in ihrer symbolischen Anordnung ein Bild der Dreiheit. Denn der heilige Dreifuß, auf dem die Pythia sitzt, wenn sie vom Wesen Apollons berührt wird, befindet sich über einem Erdspalt, direkt am Grab von Dionysos. Die selbstlose Hingabe der Pythia vermittelt also zwischen dem äußerlich unsichtbaren Apollon und dem in der Erde wirkenden Dionysos. Diese Dreiheit kommt im Symbol des Dreifußes noch einmal zum Ausdruck. Die Schale steht mit drei Füßen auf der Erde und wartet darauf, mit Flüssigkeit gefüllt zu werden. Das heißt: Wem sich der Geist offenbaren soll, der muß ihm ein Gefäß bereiten, das von drei Kräften getragen wird, die sich wiederum im Irdischen abstützen.

Auf Delos hat es nie ein Orakel gegeben. Das Dunkle, Geheimnisvolle gehört nicht zu diesem Platz. Hier wurde nur dem Gott gehuldigt, hier wurde er gefeiert und verehrt.

Ich ging langsam den Weg vom Hafen zu dem hundertfünfzig Meter vor mir liegenden großen Ruinenfeld. Es war derselbe, den vor dreitausend Jahren die eben gelandeten Wallfahrer nahmen. Priester und ihre Gefolgschaften bewegten sich in feierlicher Prozession auf den heiligen Bezirk zu. Er war riesig, füllte die ganze Ebene aus. Wo sich einmal strahlend und weiß das Apollon-Heiligtum erhob, lag jetzt ein Gewirr von Tempelfundamenten, Plätzen, Säulen, Statuen und reliefverzierten Altären der verschiedensten Epochen als Torso seiner selbst. Es sind Trümmer. Aber sie fielen und liegen, wie sie fielen. Und das macht die Wirklichkeit aus. Wer Augen hat zu sehen, kann mitten hineinblicken in die Herzkammer der Insel. Er sieht die belebte Agora, das Volk, das zu den Tempeln drängt. Er hört die Chöre singen, ihre Hymnen an Leto, Apollon und Artemis. Er erblickt Theseus am Keraton, wie er dort, am allerheiligsten Altar von Delos, opfert. Er sieht Artemis oben am Knythos-Berg jagen und Apollon, wie er aus den von Artemis erbeuteten Ziegenhörnern seinen eigenen Altar errichtet. Er versinkt in dem anmutigen Bild der Jünglinge und Mädchen, die ihrem Gott beim Kranichtanz huldigen. Er bewundert die neun Meter hohe Statue Apollons, ein Weihgeschenk der Naxier, und sieht das Standbild, beschattet von der riesigen Bronzepalme der Nikias.

Trümmer, die zum Leben erwachen

Feiern, Liebe, Begattung – Triumph des Lebens sprach selbst noch aus den gebrochenen Steinen. Die choregischen Weihgaben mit marmornen Phalli im Heiligtum des Dionysos. Der Gott mit einer tanzenden Mainade. Eine gerade Jungvermählte, die ins Heim ihres Gatten getragen wird. Der alles überragende Vogelphallus, Symbol der Unsterblichkeit. Ja, Delos war Leben, Leben im Licht. Auf dieser Insel sollte kein Schatten wachsen, der das Licht des hellsten aller Götter mindern oder verdunkeln konnte. Keine Geburt, kein Tod. Anfang und Ende des Lebens sind auch heute abwesend auf der Insel. Niemand lebt und wohnt hier richtig. Ein paar Archäologen kom-

Der alles überragende Vogelphallus auf Delos – Symbol der Unsterblichkeit

men auf Zeit. Der Museumswächter und seine Frau sind in den Sommermonaten da. Ganz selten bleibt mal ein Fremder über Nacht.

Die Begegnung mit Apollon ist die Begegnung mit der Sonne. Mittagsglut. Die Insel stöhnte unter dem Brennen und Gleißen. Ich stürzte mich in die kühle Umarmung des Meeres, suchte Schutz im Schatten der Palme, an der Leto den Gott gebar. Kein heiliger See mehr, nur ein abgestecktes großes Rund, das seinen Umfang bezeichnet. Anfang dieses Jahrhunderts wurde er wegen Malariagefahr zugeschüttet. Auf dem Prozessionsweg zwischen See und Leto-Heiligtum tummelten sich ein paar Eidechsen. Die Sonnentiere sieht man auf Abbildungen häufig im Geleit von Apollon. Auch der Palmbaum wurde ihm geweiht. Ich schlendere hinüber zum Tempel der Leto. Dort standen auf einer Terrasse fünf steinerne Löwen und bewachten, was es nicht mehr zu bewachen gab. Aug in Auge mit den archaischen Tieren. Selbst jetzt, mit ihren verwitterten Körpern und amputierten Gliedmaßen, wirkten sie überzeugend gefährlich. Einst waren es acht, die den See schützten, auf dem die Schwäne Apollons und die heiligen Gänse der Leto lebten. Drei von ihnen sind auf dem Weg durch die Zeit verlorengegangen.

Das Museum

Die Mittagsstunden sind genau die richtigen für einen Bummel durch das Museum. Alles was die Archäologen seit Beginn der Ausgrabungen im Jahr 1925 an Keramikfunden, Sockelfragmenten, Statuen und Mosaiken zusammengetragen haben, ist hier ausgestellt. Kostbare Stücke sind es, aber irgendwas fehlte ihnen. Als ich wieder draußen war, wußte ich es: Sie wirkten so stumpf und leblos, weil kein Licht sie badete. Der zarte Faltenwurf eines Gewandes, ein einzelner Fuß oder Kopf aus edlem maxischen Marmor, erst durch das Licht traten sie plastisch hervor. Mit welcher Lebendigkeit tanzten oben am Hang in den hellenischen Wohnhäusern die Panther und Delphine auf den Mosaiken. Vögel, Blumen und Blätter,

Das Haus der Delphine auf Delos mit seinen wunderbar erhaltenen Mosaiken

schwellende Früchte verwoben sich zu kostbaren Steinteppichen. Sie sahen aus, als seien sie erst gestern auf die Fußböden gelegt worden. Keine Gewalt, kein einbrechendes Element hat hier Veränderungen hervorgerufen. Keine Wiederherstellungen oder mutmaßliche Ergänzungen. Delos muß immer wieder dem Vergleich mit Pompeji standhalten. Aber Pompeji ist eine Ausgrabung. Delos war nicht begraben. Pompeji ist eine Mumie. Delos ist uraltes Lebewesen.

Dämmerung brach herein, als ich mich auf den Stufen des Theaters niederließ. Unter mir leuchteten im letzten Abendschein die Ruinen des heiligen Bezirks. Und drüben, jenseits des Hafens, nur durch einen schmalen Isthmus getrennt, lag Rhenia. Dort existierten Zukunft und Vergangenheit, dort wurden einst alle Schwangeren und

Sterbenden von Delos hingebracht. Dort durfte neues Leben entstehen und altes vergehen.

Die Nacht wuchs um mich. Ich schloß die Augen und lauschte in sie hinein. Aus dem Raunen des Windes und Rauschen des Meeres formten sich Sätze, die prophetisch aus einer anderen Zeit herdrangen:

»Törichte Reden wird es einst geben
und törichte Taten.
Übermütiges Tun, wie es Brauch
bei den sterblichen Menschen,
Kommen werden dann andere Männer,
die euch befehlen.
Beugen werdet ihr euch ihrem Zwang
in künftigen Tagen.
Nun ist alles gesagt, bewahr es in deinem Gemüte.«

Auf dem Knythos

Vor Sonnenaufgang stieg ich zum Knythos-Berg hinauf. Eigentlich ist er nur ein Hügel, gerade hundertdreißig Meter hoch, aber durch seinen massigen, steinernen Felsen gibt er einem das Gefühl, einen richtigen Berg zu erklettern. Da standen sie am Wegesrand, dunkle Schatten des herannahenden Lichtes. All die fremden Götter, von fremden Herren auf die Insel gebracht: Isis, Hermes, das Serapeion, das Samothrakeion, das Heiligtum der syrischen Götter. Steinerne Wesen der prophetischen Worte. Und über allem thronte oben auf der felsigen Kuppe des Knythos das Apollon-Heiligtum. Kein Tempel, nur riesige Steine, Quader, Blöcke ragten aus dem mit dem Felsen verwachsenen Fundament. Ich stand da, sah, wie aus der Dämmerung langsam Inseln auftauchten – Mykonos, Syros, Rhenia, Tinos. Und dort erschien er: Apollon, der Sanfte, der Erfinder der Musik, der Gott der Künste und des Arzttums, entstieg dem Meer. Feuerball, Lichtstrahl, Sonne. Ein neuer Tag gebar sich. Apollon nahm seine Insel in Besitz. Heiter, lächelnd, gewaltlos.

Wie sehr sind wir diesem Gott zugetan, der das Schönste, Lichtvollste, Friedvollste verkörpert! Doch den Frieden kann man nicht finden, ohne gekämpft zu haben. Auch das hat uns Apollon in seiner Gestalt aufgezeigt. Über Delos waltete er mit dem Saitenspiel, und die Pfeile, die er mit seinem silbernen Bogen abschoß, waren Lichtstrahlen. In Delphi aber nahm er den Heldenweg auf. Dort tötete er den Drachen Python, um seine Mutter zu rächen. Er wurde zum Wanderer zwischen den Welten, entschied über Leben und Tod. Zürnend sandte er seine Pfeile, damit sie verderbliche Seuchen brachten, und tötete auch Menschen mit sanftem Geschoß. Allein, der jugendliche Gott grollte nicht immer. Der, dessen Pfeil verwundete, heilte auch wieder. Der tötende Pfeil wurde zum heilenden Skalpell und zum Äskulapstab.

Der apollonische Weg

In Delphi ruft uns Apollon zu: »Erkenne dich selbst.« Dort fordert er uns auf, den Heldenweg zu gehen, der da heißt: Erkennen und Erfahren. Immer wieder. Durch ein Leben, zehn Leben, hundert Leben ... so lange, bis Erkennen und Erfahren zur Gewißheit werden, zu Wissen und Weisheit. Dieser apollonische Weg führt uns am Ende einer langen Reise zurück nach Delos, wo uns Apollon lächelnd empfängt und sagt: »Ich bin. Du bist.« Hier ist der Platz der Ewigkeit, des Unbeweglichen, Zeitlosen, Unveränderlichen, in dem es nicht Früheres oder Späteres, nicht Bevorstehendes noch Vergangenes, nicht Älteres oder Jüngeres gibt. Nur das »Jetzt«.

Santorin – Tanz auf dem Vulkan

Eines Tages wird die Erde von neuem zerreißen, und der Vulkan wird seine Aktivität wiederfinden. Unglück und Verwüstung werden über die Insel fallen, über das Paradies der Vulkanforscher, die geliebte Hölle ihrer Bewohner.
Prinz Michael von Griechenland

Islomanen, Nachkommen der Atlanter

Vor elf Jahren kehrte ich von einem zweijährigen Zypernaufenthalt nach Deutschland zurück. Noch ganz erfüllt von diesen glücklichen Jahren, entstand der Gedichtband »Inseln gegen die Zeit«. Ein Freund, der sich ein Exemplar zum Rezensieren erbeten hatte, rief mich an. »Na, wie gefällt's dir?« – »Hoffnungslos«, seine Stimme wirkte gereizt und traurig. »Islomanie, unheilbar!« Ich hatte keine Ahnung, wovon er sprach, aber es klang wie ein Todesurteil. »Das ist eine seelische Krankheit«, dozierte er; »Islomanen bekommen allein bei der Vorstellung, auf einer Insel, in einer kleinen, vom Meer umgebenen Welt zu leben, den totalen Rauschzustand. Diese Menschen sind die direkten Nachkommen der Atlanter, und immer ist es das verlorene Atlantis, das ihr Unbewußtsein auf einer Insel wiederzufinden hofft.«

Seine Worte fielen mir nachts unter dem funkelnden kykladischen Sternenhimmel wieder ein. Es war mein zehnter Sommer auf Santorin. Seit vielen Jahren war ich kreuz und quer durch die ganze Welt gereist, teils aus beruflichen Gründen, aber immer auch auf der Suche nach einem Ort, der sich für mich wie »Heimat und Heimkommen« anfühlte. Erst glaubte ich ihn in Zypern gefunden zu haben, dann in Brasilien. Ägypten war ein einziges Déjà-vu-Erlebnis, Mexiko schlug mich gänzlich in seinen Bann, und in die Türkei kehrte ich unzählige Male zurück. Ich blieb manchmal für Wochen, Monate, ja sogar Jahre und ging wieder fort. Beeindruckt, fasziniert, aufgewühlt, aber im Herzen heimatlos. Bis mir die inzwischen verstorbene Schamanin und Heilerin Dina Rees sagte, ich solle nach Griechenland gehen. Nicht an einen bestimmten Ort. Das Licht und die Energie von Hellas seien meine Heimat.

Die geköpfte Insel

Ausgerechnet auf Santorin bestätigte sich für mich ihre Aussage: auf der Vulkaninsel, die den Menschen niemals Sicherheit gewährt, wo sie keine Wurzeln schlagen können in einem vertrauensvollen, mütterlichen Erdschoß. Wer sich auf das südlichste Kykladeneiland einläßt, spielt mit dem Feuer, lebt mehr im Hades denn in Hellas. Santorin ist die Ausgeburt des ewigen »Stirb-und-Werde«-Themas, eine immer wieder aufgerissene Wunde, eine geköpfte Insel. Rumpf ohne Haupt. Apokalypse, zum Naturdenkmal versteinert.

Meine Begegnung mit Santorin war die des Feuerläufers. Als ich das erste Mal in meinem Leben barfuß über neunhundert Grad heiße Kohlen lief, erging es mir nicht anders. Die Überwindung der Angst, die Erkenntnis, du kannst dich nicht verbrennen, wenn du eins wirst mit dem feurigsten aller Elemente. Der erste Schritt, der zweite. Da ist nicht Trance oder Berauschung, nur Bewußtsein und Klarheit. Du gehst über den Glutteppich, bist mit dem Feuer verbunden und über dich selbst hinausgewachsen. Durch das Feuer erlebst du deine Kraft und Grenzenlosigkeit. Das ist ein Geschenk. Und das ist meine Erfahrung mit Santorin. So komme ich jedes Jahr für einige Wochen hierher – zum Tanz auf dem Vulkan.

Den Himmel und das Licht eingefangen – in dieser Harmonie und Vollkommenheit findet man es nur auf den Kykladen

Dörfer, auf Feuer gegründet, auf Lava erbaut. Dreizehn an der Zahl, dem Aberglauben zum Trotz. Weiß drängen sie sich auf zerfetztem Felsboden schützend aneinander. Jedes Jahr wird eine neue Kalkschicht auf die Wände getüncht. Das überdeckt nach außen die Armut. Der nächtliche Tau, der sich im fruchtbaren Lavaboden speichert, reicht nicht aus, um die Natur zu nähren. Verbrannte Felder und Weingärten ächzen nach Wasser. All die unzähligen Kirchen mit ihren blaubauchigen Kuppeln sind ein einziges Stoßgebet: »Herr, verschone uns!« Auf diesem Stück Erde ist man gewohnt, mit dem Schrecken zu leben, mit dem Urweltchaos, das sich immer wieder erneuert. Die Ungeduld der Natur unterm Fuß, und tief drunten im Meer das schlafende Ungeheuer. Zur Zeit ist es friedlich. Aber die grüngelblichen Schwefeldämpfe, die das aufgehäufte Lavagedärm inmitten der Bucht ausspeit, erinnern an seine Anwesenheit.

Viele Namen für »die Schöne«

Dem Mythos zufolge rührt die südlichste Kykladeninsel von einem Erdklumpen her, den Triton, Sohn Poseidons, den Argonauten zum Geschenk machte. Einer der Seefahrer warf später diesen Erdklumpen nördlich von Kreta ins Meer, wo sich aus ihm die Insel Thira bildete. Keiner anderen griechischen Insel gab man so viele verschiedene Namen. Ihre amtliche Bezeichnung heute ist Phira, was sich vom antiken Thira ableitet. Doch den meisten ist sie als Santorin bekannt. Ihre Schutzpatronin ist Aghia Irini, die heilige Irene. Als die Venezianer die Insel besetzt hielten, wurde daraus Sant'Irene und schließlich Santorin. Vor etwa 3500 Jahren – so überliefert uns Herodot – trug die Insel noch zwei weitere Namen. Ihrer Form wegen wurde sie Strongyle, die »Wohlgerundete«, genannt und Kalliste, »die Schöne«. Schön ist Santorin immer noch, fast verzweifelt schön und mit nichts auf der Welt vergleichbar. Doch ihre Rundung sucht man vergebens. Die Insel bietet sich nicht mehr als geschlossener Kreis dem Auge dar, ja, man hat es auch nicht mehr nur mit einem einzigen Eiland zu tun. Da ist das sichelförmig gebogene Inselskelett, das eigentliche Santorin. Wie abgerissene Arme tauchen an seinen Enden aus dem Meer die Zwillingsinseln Therasia und Aspronisi auf. Dazwischen weitet sich eine samtblaue Bucht, der etwas ausgesprochen Malerisches anhaftete, wüßte man nicht, daß sie ein mit gewaltigen Wassermassen angefüllter Krater ist. Und wäre da nicht inmitten der Meeresbucht die dunkle Kuppel eines Vulkanschlotes über einer weiteren Gruppe kleinerer Inseln, die erst in jüngerer Zeit aus dem Meer aufgetaucht sind.

Santorin ist ein tätiger Vulkan – der einzige in der Ägäis. Bei seiner großen, von einem mehrfach geborstenen Ring lohfarbener Klippen umgebenen Zentralbucht handelt es sich um nichts anderes als ein Naturphänomen, das den Vulkanologen unter der Bezeichnung Caldera bekannt ist. Die gigantischen Kraterwände der Caldera sind ein Stück makabre Faszination. Steil stürzen sie aus fast vierhundert Metern Höhe ins Meer ab. Es sieht aus, als habe die Erde ihre Innereien erbrochen und zu einem Gewirr aus rotem Tuff, schwarzem Basalt und weißer Bimsasche vermengt.

In der Caldera

Ich erinnere mich an jenen Sommerabend, als ich Santorin erstmalig mit dem Boot erreichte. In meinem Rücken versank gerade die Sonne bleichrot im Meer, rollte schwer hinab in die Unterwelt. Vorsichtig schob sich unser Schiff an Nea Kameni, der Feuerlandinsel inmitten der Caldera, vorbei, aus derem schwarzen Schlund eine Rauchfahne emporstieg. Wenige hundert Meter vor uns türmten sich hochmütig die Kraterwände von Santorin auf. Und dann – eine lange Schrecksekunde – gerieten diese Steilabstürze in Bewegung. Täuschung von Licht- und Schatteneffekten. Wie auf eine riesige Leinwand malte der Sonnenuntergang ein Höllenfeuer. Brennendrot, violett, roségrün und blauschwarz flammte der Kraterabbruch auf. Eine offene Wunde, die aus ihren Gesteinsadern zu bluten schien. Minuten später war das ungeheuerliche Naturschauspiel vorbei. Ein grauer Vorhang legte sich über die Lavaschichten. Wir spürten sie alle, die diffuse Bedrohung, die eruptive Kraft. Jeder Bewohner von Santorin spürt sie. Er kapituliert vor ihr und geht, oder er wird stark durch sie und bleibt. Tief im Herzen einen Traum, eine ferne Erinnerung vielleicht, die den Namen Atlantis trägt. Immer aber in dem Wissen, daß der Riese tief unten auf dem Meeresboden jederzeit seinen feurigen Rachen öffnen kann.

Leben mit der Urgewalt der Erde – das ist das Erbe von Santorin. Bereits im Tertiär gab es in diesem Teil des Mittelmeeres rege vulkanische Tätigkeit. Hier treffen zwei Platten der Erdrinde zusammen, an deren Rändern und Knautschzonen sich das glühende Magma des Erdinnern immer wieder einen Weg nach oben sucht. Vor rund 3500 Jahren war es, da wurde das antike Thira zum Schauplatz der größten Naturkatastrophe in der Menschheitsgeschichte. Der Feuerberg hatte lange geschlafen, rund 20 000 Jahre. Die bronzezeitlichen Bewohner der Insel konnten nicht ahnen, daß sie mit einer Bedrohung unter dem Fuß lebten. Das Ende kündigte sich durch eine Reihe von Erdbeben an. Zeichen der Götter, die den Menschen Gelegenheit gaben, ihre blühende Stadt Akrotiri zu verlassen. Dann, um 1500 vor Christus, brach das Inferno los. Das Ungeheuer fing bereits zu brüllen an, noch ehe es die Erdoberfläche erreichte. Fauchend spie es glühendes Magma in den Himmel und sprengte mit unvorstellbarer Zerstörungskraft den Vulkankegel in die Luft. Bälle aus weißem Feuer und kochende Felsbrocken schlugen in die Häuser von Akrotiri ein. Der Vulkan öffnete seinen Schlund und blies gewaltige Aschemengen in die stürmende Luft. Ein Ächzen und Stöhnen drang aus der Erde, und unter einem letzten Aufbäumen zerriß das Zentrum der Insel. An seiner Stelle gab es nur noch ein mehrere Kilometer breites Loch, in welches sich die rasende Flut stürzte. Explosion auf Explosion folgte. Wo Tag sein sollte, herrschte tiefste Finsternis, durchflammt nur von brennender Luft.

Der Tag des Infernos

Schlimmer noch wüteten die Seebeben.

Schwefliges, stinkendes Wasser schoß in Kaskaden hoch. Das Meer verwandelte sich in ein einziges brodelndes Chaos und türmte die Wellen zu einem dreihundert Meter hohen Gebirge auf. Mit der Geschwindigkeit eines startenden Düsenjets setzte es sich in Bewegung. Die Wasserlawine überrannte den gesamten Archipel und machte auch vor den Küsten Griechenlands, Kleinasiens und Kretas nicht halt. Seine verheerende Wirkung vernichtete alles: Menschen, Städte, Tiere, Pflanzen, eine ganze Kultur. Für lange Zeit geriet dieser Teil der Welt in Vergessenheit.

Solon: Die Suche nach der Vergangenheit

Um das Jahr 590 vor Christus stattete ein namhafter Bürger Athens Ägypten einen Besuch ab. Es war der Staatsmann Solon, der den Griechen gerade ein neues Recht gegeben hatte und nun auf Reisen gegangen war, damit seine Mitbürger Zeit hatten, den harten Brocken zu verdauen, den er ihnen vorgesetzt hatte. Solon führte viele Gespräche mit ägyptischen Priestern und war tief beeindruckt von ihrer umfassenden Kenntnis der Vergangenheit. Die griechische Geschichte bestand zu jener Zeit nur aus Homers »Ilias« und »Odyssee« sowie einer Fülle von Mythen, über deren Herkunft niemand etwas zu sagen wußte und mit denen sich ein Volk beschäftigte, das erst hundert Jahre zuvor Lesen und Schreiben gelernt hatte. Im Gegensatz dazu war die Geschichte Ägyptens auf Stein und Papyrus chronologisch festgehalten worden und reichte einige tausend Jahre zurück. Solon hörte aufmerksam, was ihm erzählt wurde, und hoffte etwas über die Vergangenheit seines eigenen Volkes zu erfahren. Von allen Geschichten, die er mit nach Hause brachte, blieb eine unvergessen. Sie berichtete von einem Inselreich, das groß, mächtig und hochzivilisiert war, aber an einem einzigen Tag von einer gewaltigen Katastrophe vernichtet wurde, im Meer versank und für immer verschwunden blieb.

Solons Nachkommen, unter ihnen ein Vetter des Philosophen Plato, überlieferten diese Geschichte, und schließlich schrieb Plato sie im 4. Jahrhundert vor Christus in seinen Dialogen Kritias und Timaios nieder. Atlantis war – laut Plato – einst die Stätte einer großen Zivilisation, und die Menschen dort lebten in einer Art goldenem Zeitalter. Aber sie wurden machtgierig, überheblich und haltlos. »Doch Zeus, der nach Gesetzen waltende Gott der Götter, brach selbst den Stab über sie und verhängte eine Strafe von unvorstellbarer Endgültigkeit. Gewaltige Erdbeben und Überschwemmungen traten ein«, schrieb Plato, und »indem ... ein schlimmer Tag und eine schlimme Nacht hereinbrach, wurde ... die Insel Atlantis durch Versinken im Meer den Augen entzogen«.

Der Mythos Atlantis

Atlantis, Mythos oder Wirklichkeit? Zigtausend Bücher und Veröffentlichungen beschäftigen sich mit diesem Thema auf mehr oder weniger seriösen Grundlagen. Wissenschaftler, Forscher und Seher verlegten den verlorenen Kontinent in alle Teile der Erde. Durch das Zusammensetzen vieler Mosaiksteine führte ein Weg auch nach Santorin. Im Jahr 1900 grub der Archäologe Sir Arthur Evans im kretischen Knossos und entdeckte die Überreste einer erstaunlich hochentwickelten Kultur. Nach dem legendären König Minos nannte er sie die minoische. Wie sich Stück für Stück zeigte, muß sie großartig, ja geradezu überwältigend gewesen sein. Eine der vollendetsten, empfindungsreichsten und schillerndsten Kulturen, die die Welt je gesehen hat und die ebenso geheimnisvoll auftauchte, wie sie wieder verschwand.

Der junge Altertumsforscher Spyridon Marinatos glaubte dreißig Jahre später, den Grund für den plötzlichen Untergang der minoischen Kultur gefunden zu haben. An einem sandigen Küstenstreifen Kretas kam bei seinen Grabungen Amnisos, die Hafenstadt des Königs Minos, ans Licht. Und in einem Gebäude dort war dessen Keller bis zum Rand mit Lavaasche und Bimsstein gefüllt, was als sicherer Beweis für einen Vulkanausbruch galt. Auf der Suche nach entsprechenden Vulkanen stieß der Archäologe auf die merkwürdig zerschmettert aussehende Insel Santorin. Doch er hatte Zweifel. Konnte eine Naturkatastrophe so gewaltig sein, daß sie das hundertdreizehn Kilometer entfernte Kreta traf und dessen Kultur schlagartig auslöschte?

Die Antwort darauf gab der griechische Seismologe Galanopoulos Jahre später. Er entdeckte auf Santorin die Ruinen eines zweifellos minoischen, durch einen Vulkanausbruch zerstörten Gebäudes. Daraufhin führte er Messungen an den eingebrochenen Landmassen durch und suchte nach Vergleichsmöglichkeiten. Nach einigen Fehlschlägen stieß er auf die Augenzeugenberichte des Vulkanausbruchs von Krakatau im Jahr 1883. Die Umstände wiesen bemerkenswerte Parallelen zum antiken Thira auf. Auch Krakatau war eine kleine Insel mit langer vulkanischer Geschichte, die in einer furchtbaren, von einem gewaltigen Ascheregen begleiteten Explosion gipfelte. Auch hier stürzte ein großer Teil zusammen und verschwand im Meer. Die Verheerungen in der Sundastraße zwischen Java und Sumatra waren entsetzlich. Das Getöse der Explosion war auf der 4800 Kilometer entfernten Insel Rodriquez zu hören. Dreißig Meter hohe Wasserwände überrollten mit einer Geschwindigkeit von fünfundsiebzig Stundenkilometern die Küsten von Sumatra und Java. Die entfesselten Fluten rissen dreihundert Dörfer mit sich. 40 000 Menschen wurden unter den Wassermassen begraben. Doch der Kataklysmus von Thira war noch weitaus verheerender. Anhand der vergleichenden Messungen konnte der Seismologe ermitteln, daß er fünfmal so schlimm gewesen sein mußte wie der des Krakatau.

Die biblische »Finsternis«

Galanopoulos hielt es durchaus für denkbar, daß die ungeheuren Explosionen über das Meer hinweg bis zu den Ägyptern drangen, daß sich sogar eine Staubwolke auf ihr Land niederließ. Phänomene dieser Art mochten die Ägypter in Verbindung mit dem Ausbleiben der Händler aus Kreta zu dem Schluß gelangen lassen, daß Kreta untergegangen sei. Es gibt sogar eine Theorie, nach der die Santorin-Eruption in einigen biblischen Schilderungen über die schrecklichen Ereignisse im Zusammenhang mit dem Auszug der Kinder Israels aus Ägypten beschrieben ist. Die »unheimliche Finsternis«, die nach Aussage der Bibel zur Zeit des Auszugs eintrat, könnte eine Folge des Vulkanausbruchs gewesen sein.

Nach den Veröffentlichungen der Galanopoulos-Berichte glaubten viele, Atlantis habe endlich eine Chance, dem Mythos zu entsteigen und im kykladischen Meer seine historische Wahrheit zu finden. Doch da blieben Fragen offen, zeitliche Ungereimtheiten. Und wo waren auf Santorin Beweise einer so großartigen Kultur, die der atlantischen glich? Plato datierte die Katastrophe auf neuntausend Jahre vor seiner eigenen Zeit. Er gab auch Einzelheiten von Atlantis an: Die Hauptstadt maß im Durchmesser etwa fünfhundert Kilometer. Außerdem hatte er den Inselkontinent ausdrücklich in den Atlantischen Ozean verlegt. Galanopoulos fand den Schlüssel für eine chronologische Korrektur in dem unter den Wissenschaftlern bekannten »Ossam's-Razor«-Gesetz. Dieses Gesetz zeigt auf, daß sowohl die Ägypter als auch die Griechen ein Zahlensystem benutzten, welches auf der Zahl 10 basiert. Der Seismologe schloß daraus, daß bei der Übersetzung vom Ägyptischen ins Griechische ein Übertragungsfehler passiert war, indem dem Symbol für jede Zahl größer als 100 das Äquivalent 0 hinzugefügt wurde. Somit mußten alle Zahlen von Platos Bericht recht genau passen. Wenn zum Beispiel 9000 Jahre in Wirklichkeit 900 Jahre vor Solon bedeuteten – dann stimmte das Datum mit der Katastrophe von Santorin überein. In gleicher Weise würden aus den 500 Kilometern Durchmesser der atlantischen Hauptstadt 50 werden, eine durchaus realistisch erscheinende Zahl. Bleibt die Frage, wie kommt Atlantis ins Mittelmeer? Bei den Ausmaßen, die Plato bekannt waren, hätte der versunkene Kontinent niemals ins Mittelmeer gepaßt. Also verlegte er ihn in einen viel größeren Ozean, der sich jenseits der Säulen des Herakles befand.

Korrigierte Daten

Am 9. Juli 1956 erschütterte ein weiteres schweres Erdbeben Santorin, das vorläufig letzte in der Kette immer wiederkehrender Vulkantätigkeit. Tausende von Häusern wurden zerstört. 53 Menschen kamen ums Leben. Was die Erde aus der Gegenwart unter sich begrub, legte sie an Vergangenheit woanders wieder frei. Und erneut begannen die Versuche der Archäologen, Licht in das geschichtliche Dunkel zu bringen. Auf der Insel waren die Altertumsforscher schon früher tätig gewesen. Um die Jahrhundertwende grub Freiherr Hiller von Gaertringen auf dem Messavouno-Berg das antike Thira aus. Archaische Gräber,

dorische Tempelreste, eine ptolemäische Stadt und byzantinische Kapellen kamen zutage. Spyridon Marinatos jedoch, der nach Santorin zurückgekehrt war, suchte nach etwas anderem. So wie einst Heinrich Schliemann auf den Spuren Homers wandelte und das sagenumwobene Troja fand, so wollte der griechische Archäologe Beweise für Atlantis finden. Dieses Unternehmen kostete ihn das Leben. Am 1. Oktober 1974 wurde er von einer niederstürzenden Mauer am Grabungsort Akrotiri erschlagen. Daß er den Ort nahe der Südspitze der sichelförmigen Insel zum Ausgangspunkt seiner Grabungen gewählt hatte, geschah nicht zufällig. Es war die einzige Stelle, an der die sonst sechzig Meter dicke Ascheschicht, unter der die Vergangenheit Santorins begraben ist, durch Erodierung nur eine Tiefe von einem Meter maß. 1967 begann Marinatos mit seinen Grabungen. Bis zu seinem Tod machte er geradezu märchenhafte Funde. Stück für Stück legte er die Reste einer großen kykladisch-minoischen Stadt frei: mit Straßenzügen, Marktplatz, zwei- und dreistöckigen Häusern, ornamentenreichen Gefäßen und wunderschönen Fragmenten von Wandfresken.

Akrotiri

Beredte Zeugnisse, die sich in einem Film verwandeln. Er spielt vor 3500 Jahren und zeigt uns eine Welt, die der des sagenumwobenen Atlantis sehr ähnlich sein könnte. Festlich geschmückte Schiffe kreuzen vor einer kleinen, an Hügeln gelegenen Hafenstadt. Eine Kriegsflotte, begleitet von Delphinen und Vögeln. Buntgekleidete Menschen verabschieden die Schiffe vom Ufer aus. Fischerknaben, die stolz ihren Fang präsentieren. Frauen, unterhalb eines gestirnten Himmels in einer kultischen Handlung begriffen. Edle Gestalten in herrlichen minoischen Gewändern. Ju-

Links:
Diese herrlichen Fresken, die stark den minoischen ähneln, fand man in einem Haus in Akrotiri

gendliche Faustkämpfer. Mythische Tiere in subtropischer Vegetation. Eine junge Priesterin, gekleidet in einen prunkvollen Chiton.

Es scheint wie ein Wunder, daß diese kostbaren Gebilde das Zerstörungswerk der Natur überlebt haben. Wir wissen heute, die minoische Kunst des antiken Thira konnte mit den berühmtesten kretischen Zentren wetteifern. Kalliste, die »sehr Schöne«, war nicht nur eine Kolonie Kretas. Sie war ein Krondiamant, mit der Insel des Minos durch das gleiche tragische Schicksal verbunden. Doch sind diese empfindsamen Werke, die die verwüstete Erde den Menschen allmählich zurückgibt, Beweise für die Identität mit Atlantis? Die Antwort der Wissenschaftler ist immer noch nicht eindeutig. Die Suche nach dem verlorenen Paradies geht weiter.

Die »Invasion der Kreuzfahrer«

Ich mochte es nicht, aber es war ein unabwendbarer Teil meiner Wochen auf Santorin geworden. Ganz früh am Morgen, mitten hinein in meine Träume, dröhnte das enervierende Tuten von Schiffssirenen. Die tägliche Kreuzfahrtflotte war angekommen. Griechische, italienische und deutsche Dampfer ankerten in der Bucht von Phira an großen Bojen. Die Wände der Caldera hallten wider von den mehrsprachigen Aufforderungen der Stewards, die Gäste mögen sich fertigmachen zum Ausbooten. Kaikis setzten sich vom Hafen aus hektisch in Bewegung, um den verheißungsvollen Touristenstrom in Empfang zu nehmen. Das Surren der Seilbahn mischte sich mit dem vielfachen Klappern von Maultierhufen. Und oben in der kleinen Inselhauptstadt öffneten mit verschlafenen Gesichtern die Menschen ihre Juweliergeschäfte und Souvenirläden.

Immer das gleiche Bild: Kreuzfahrermassen ließen sich von der Seilbahn nach oben tragen, die ein reicher Gönner Santorin vor Jahren verehrt hatte. Welch ein kopfloses Geschenk! Betonträger und häßliche Metallkabinen, hineinbetoniert in den Abbruchrand des Kraters. Resignierte Blicke von Herr und Muli, wenn die vollbeladene Bahn an ihnen vorbei nach oben rauschte. Früher waren sie das einzige Transportmittel. Es nutzte ihnen auch wenig, daß zwanzig Prozent der Schwebebahn-Einnahmen an sie abgeführt wurden. Nun gab es kaum mehr etwas zu tun. Der Verdienst wurde immer weniger. Doch die Touristen wußten nichts von ihren Sorgen. Für sie hieß es, nur schnell hinauf und sich einfädeln in das Gassengewirr von Phira. Zwei Stunden Landgang. Das reichte gerade für ein paar Einkäufe, die obligatorischen Fotos der Kykladenhäuser und einen überteuerten Café Frappé mit schaurig-schönem Ausblick auf den Vulkan. Rasch noch der Kartengruß für die Daheimgebliebenen: »Ich war in Santorin, großartig!«

Um acht Uhr war der ganze Spuk bereits vorbei. Ich liebte diese frühen Stunden des Tages, wenn der Ort in seine Ruhe zurücksank. Die Ladenbesitzer hatten sich wieder schlafen gelegt, und die Discothekengänger schliefen noch. Von meiner Terrasse hoch über dem Meer sah ich den auslaufenden Schiffen nach und fragte mich, ob nur einer dort unten etwas von der Magie und Einzigartigkeit Santorins erspürt hatte. Die Gedanken wanderten zurück zu dem Tag vor zehn Jahren, als ich mit »Eselsgeschwindigkeit« meine Liebe für die Insel entdeckte. Dieses gemächliche Hinauftrotten im hölzernen Tragsattel. Das Schwanken und Schlingern auf dem Rücken des Maultieres. 588 Stufen in kühner Steigung bergan. An jeder Kehre ein neuer überwältigender Ausblick. Rechts rückte bedrohlich nah die Kraterwand heran, und links – tief unter mir – schrumpften auf dem bewegten Wellenteppich die Schiffe auf Spielzeugformat zusammen. Über mir blitzte es weiß auf. Stützmauern und Hauswände. Hoffnung auf Leben im toten Lavagestein. Die ersten Häuser von Phira kletterten im Endspurt mit. Verwirrende, beglückende Ansichten, Überschneidungen, kühne Perspektiven, Silhouetten. Das war ja eine fast orientalische Stadt mit ihren engen Gassen, mit Tonnengewölben als Dächer, mit Terrassen über- und nebeneinander, Treppen, Bögen, hohen und flachen Gewölben, seltsamen Kaminen, asymmetrisch in Aufbau und Umriß und in den sparsamen Öffnungen der Fassaden, blauen Kirchenkuppeln, mannigfachen Glockentürmen. Afrikanische und morgenländische Visionen vermischten sich mit Impressionen mittelalterlicher Städte, wie wir sie aus Spanien, Italien und Marokko kennen.

Phira: Impressionen aus Orient und Mittelalter

Burg und Ort Phira, ein fast uneinnehmbares Kastell, seit 1207 nach und nach erbaut, standen einst auf der gewaltigen Naturbastion des Skarosfelsens. Im burgengewaltigen Europa der damaligen Zeit gab es wenige, die es an landschaftlicher Schönheit und furchterregender Mächtigkeit mit dem befestigten Phira hätten aufnehmen können. Doch als ob der Skaros diese gewaltige Last nicht mehr hätte ertragen wollen, schüttelte er zu Beginn des 19. Jahrhunderts nach und nach Kastell und Stadt ab. 1806 war die allgemeine Räumung nicht mehr zu umgehen, weil der überhängende Gipfel des Felsens jeden Augenblick auf die Stadt zu stürzen drohte. Das heutige Phira, erst 158 Jahre alt, ist eine Neugründung der Katholiken. Im lateinischen Ortsviertel mit seiner mächtigen Kathedrale ist ihre Anwesenheit noch spürbar.

Seit zehn Jahren die gleichen Aussichten, der

Das religiöse Zentrum von Santorin: Die Metropoliten-Kirche

gleiche Weg jeden Morgen in den Ort hinauf. Und doch schien mir ständig alles neu. Die schön gepflasterten Gassen mit ihren Kieselsteinornamenten, die verschlungenen, miteinander verbundenen Mauern, Treppen, Bögen und Stichgassen, die kleinen blumenberankten Innenhöfe, das Spiel der Urformen im lebhaften Licht der Sonne.

Wie zeitlos der Ort an diesem Julimorgen wirkte. Stavros, der alte, zahnlose Mulitreiber, sammelte mit schwieligen Händen den Abfall in den Gassen ein. Antonis saß mit einem Skizzenblock auf dem Mäuerchen vom Vulcano-Hotel und arbeitete an einem neuen Motiv für seine Hinterglasmalerei. Die deutsche Bäckerin, deren duftende Brötchen bereits um neun Uhr ausverkauft waren, hatte nichts an Leibesfülle und Liebe zu Santorin eingebüßt. Und aus dem Café Edelweiß drang wie seit Jahren, von einer zerkratzten Schallplatte scheußlich entstellt, Vivaldis »Vier Jahreszeiten«.

Vom Tourismus begraben

Ich sah auch die Veränderungen, alle unschönen Begleiterscheinungen des wachsenden Tourismus. Jugendliche, die sich mit ihren Schlafsäcken in Hauseingängen rücksichtslos breitmachten, Müllberge auf dem Marktplatz, Kitsch und Ramsch in den Souvenirläden, Unfreundlichkeit, horrende Preise und Discothekenlärm bis in den frühen Morgen. In den Sommermonaten wurde jede Badewanne von den Einheimischen als Bett verkauft, jeder Platz an den schönen, schwarzen Lavaständen durch den Verleih von Liegestühlen in klingende Münze umgesetzt. Menschenmengen drängten sich abends in den Gassen von Phira und Oia, den Hauptorten. Dieses Sich-zur-Schau-Stellen, Flitter und Tand, das Schrille, Bunte, Lärmige, hatte auch von Santorin Besitz ergriffen. Ich fragte mich, wie lange das schmale Inselrückgrat bereit war, solche Bürde zu tragen. Vielleicht hatten sich auch die Inselbewohner diese Frage schon gestellt. An manchen Abenden, wenn die Luft vor Spannung vibrierte und die Sonne an einem schweflig-bleichen Himmel unterging, lag ein Grundakkord von Angst über Santorin. In manchen Gesichtern sah ich dann das gleiche Erschrecken, das mich selbst ergriffen hatte.

Unvergessen: Das Beben von 1956

Der 9. Juli schien ein Tag wie jeder andere. Die Kreuzfahrtschiffe waren gekommen und gegangen, in der terrassengestuften Landschaft bearbeiteten die Bauern wie immer ihre Weinfelder, und die Touristen tummelten sich an den Stränden. Nur in der Bucht von Phira – zwischen Hafen und Vulkan – herrschte ungewohnte Betriebsamkeit. Kaikis tuckerten scharenweise hinüber zum Feuerberg, von ihren schweren Ladungen tief ins Wasser hineingelegt. Hin und her zogen sie. Bewegte Punkte im Meeresbecken. So ging es bis zum Abend. In den Sonnenuntergang hinein läuteten Kirchenglocken. Erst war es nur eine, dann eine zweite, eine dritte, eine vierte . . . bis schließlich alle Glocken der Insel sich in dem weltengebärenden Es-Dur-Akkord vereinten. Wer es noch nicht gewußt hatte, erfuhr es spätestens jetzt: Heute vor genau fünfunddreißig Jahren hatte die Erde gebebt und einen großen Teil Santorins in Schutt und Asche gelegt.

In der letzten Stunde zwischen Tag und Nacht strömten von überall her die Menschen nach Phira. Zu Tausenden drängten sie sich auf den Terrassen am Kraterrand und versuchten einen Blick auf den Vulkan zu erhaschen. Vom Mond beschienen, lag er tief unten im Meer in einem bleiern schwärzlichen, schwerflüssigen Glanz. Eine Stunde vor Mitternacht stieg aus seinem Lavagedärm ein erster zaghafter Leuchtkörper auf, von Meltemiböen fortgetragen. Böllerschüsse krachten, und wenige Minuten später entflammte der Himmel unter blühenden Feuerrosen. Ein vielfarbiger Funkensturm durchbrach die Dunkelheit, schoß empor, ließ sich als Glitzerregen auf dem Wasser nieder und versank in den Fluten. In den

Jubel, der dieses Schauspiel vom Land aus begleitete, mischten sich Tränen. Erinnerungen an Freunde, Brüder, Schwestern, die vor fünfunddreißig Jahren ums Leben gekommen waren.

Ich hatte mich einen Augenblick ablenken lassen. Als ich wieder zum Vulkan hinübersah, durchfuhr es mich heiß. Er spie Feuer. Panik ergriff mich. Fluchtgedanken. Ich wartete auf einen Erdstoß, auf Schlimmeres. Doch nichts geschah. Ich brauchte Minuten, bis mir klarwurde: Das Feuer war von Menschenhand gelegt worden. Es breitete sich aus, wuchs zu einem Kreis. Genau um Mitternacht schloß sich das Feuerband rund um den Vulkan. In dieses Ritual hinein läuteten erneut die Glocken. Hier magischer Bann: »Feuerberg schlafe, schlafe weiter«, dort Bitten und Gebete: »Herr verschone uns von dem Übel.« Wie zur Antwort fielen zwei Sternschnuppen vom Himmel.

Kleinode einer gebrechlichen Welt

Santorin ist so klein, so gebrechlich, so vielschichtig und vielgesichtig. Da ist die äußere, sichtbare Welt, die sich in Koordinaten von 1,6 Kilometer Breite an der schmalsten Stelle und 24 Kilometer Länge unterbringen läßt. Doch was hat dieses mondsichelförmige Sonnengeschöpf der Ägäis dem Auge nicht alles zu bieten! Oia, der kleine Ort auf der Nordostspitze des Kraterrandes. Höhlenwohnungen in purpurvioletten Felswänden. Eine Puppenstube voller Licht, Formen und Farben über der düsteren Caldera. Feiner, edler, künstlerischer und weniger touristisch vermarktet als Phira.

Pirgos, ein verwinkeltes Bergdorf, das seinen mittelalterlichen Charakter fast vollständig bewahrt hat. Dreihundert Meter hoch und umgeben von

Weinbergen. Reicher, fruchtbarer vulkanischer Boden. Ein scharfer Gegensatz zu den narbenzerfurchten Steilwänden rings um den alten Krater. Hier gedeihen die berühmten Santorin-Trauben. Es scheint, als würde die Erde der Weinrebe etwas von ihrer vulkanischen Natur mitteilen, so daß jede einzelne Traube eine Nadelspitze Feuer enthält – eine winzige eingeschlossene Explosion.

Kamari, Perissa, Emborion, Exomitis, Monolithos – kleine Orte am Meer oder eingebettet zwischen staubgepuderten Hügeln und Tälern. Kaum ein Baum. Kein Wald. Holz ist auf Santorin ebenso knapp wie Wasser. Venezianische, fränkische, türkische Vergangenheit sinkt allmählich in den Stein zurück, aus dem seine Häuser und Kastelle gebrochen wurden. Was bleibt, ist das allgegenwärtige Weiß der Kykladendörfer. Tonnengewölbe und kubische Häuser. Die schmalen, gepflasterten Gassen. Für Esel und Fußgänger gemacht,

Die berühmten Santorin-Trauben – in jeder steckt eine Nadelspitze Feuer

nicht für den Autoverkehr. Übermächtig im Inselbild die vielen Kirchen. In den Orten sind es immer mehrere. Aber auch aus jedem Acker, jedem Weinfeld ragt ein kleines Wohnzimmerkirchlein. Höhlenkapellen und Klöster, einsame Andachtsorte in Fels gemeißelt. Wie überall in Griechenland ist auch auf Santorin die höchstgelegene Einsiedelei dem Propheten Elias geweiht. Im Jahr 1711 wurde das Kloster erbaut. Ein mächtiger, schneeweißer Würfel, eine Festung fast. Der Eindruck verstärkt sich durch die daneben stehenden Masten der amerikanischen Radarstation. Vom 566 Meter hohen Gipfel des Elias zieht sich der Pfad an den kahlen Flanken des Berges hinab zum antiken Thira.

Das alte Thira – Santorins Gibraltar

Thira liegt auf dem 370 Meter hohen Felsrücken des Messavouno und ist der windigste Ort, der mir auf all meinen Reisen je begegnet ist. Bei meinem ersten Besuch mußte ich wieder kehrtmachen, denn die Meltemiböen trieben mich wie ein Blatt vor sich her bis an die steilen Felsabstürze. Doch für die Dorer, die sich im ersten Jahrtausend vor Christus auf ihrer Wanderung zwischen Kreta und Lakonien auf dem Bergplateau niederließen, schien dieser Platz seine Vorzüge gehabt zu haben. Er bot festen Boden, der den Erdbeben leichter standhielt als der lose vulkanische Bims und Tuff, zwei Wasserquellen, zwei Hafenzugänge und eine Sicherheit, die sich aus der Lage ergab. Akropolis, Zitadelle und Stadt – Thira war alles in einem. Unwillkürlich erinnert man sich an Gibraltar. Tatsächlich gewährt die Bergstadt eine ähnlich beherrschende Übersicht. Sie diente als Ausguck und Beobachtungsposten am Schnittpunkt der antiken Kriegs- und Handelsschiffahrt. Aus ihrer Vogelperspektive konnten die Siedler jede Bewegung schon von fern ausmachen. Der Blick von hier oben ist einfach grandios, fällt weit über die Kykladeninseln Ios, Amorgos, Anaphi und Astipalaia und reicht bei klarer Luft sogar bis zur langen Berglinie Kretas.

Die Dorer

Wer waren die Dorer, und woher kamen sie? Ein Volk, das im heutigen Niederbayern angesiedelt war, bevor es seinen Weg über Jugoslawien, Bulgarien nach Griechenland fand, sagen die Forscher. Barbaren, urwüchsig, nicht unbegabt, mit Sinn für Zucht und Ordnung, fleißig, tapfer und gottesfürchtig. Etwas davon ist noch spürbar auf der künstlich geschaffenen Hauptterrasse mit den archaischen Mauern, Straßenzügen und Heiligtümern. Hier oben wurde der dorische Stammesgott Apollon Karneios verehrt, der Widder-Apollon, Schutzherr der Herden und Ähren. Er hat nichts gemeinsam mit dem lichten delischen Apollon, wirkte in einer einfacheren, härteren Welt.

Anfang September, wenn der Mond sich in voller Rundung zeigt, zur Zeit der Weinlese, wurden die Karneen in tagelangen Gelagen festlich begangen. Zu Ehren des Gottes fanden auf dem eigens dafür erbauten Festplatz rituelle Kämpfe statt. Hier sangen und tanzten die nackten Jünglinge oder Epheben, und hier finden wir Inschriften, die Hiller von Gaertringen mit der Begeisterung jener heroischen Epoche der Archäologie von 1896 bis 1903 freilegte. Diese zumeist in den Felsen geritzten Inschriften enthalten die Namen alter Götter, besonders aber die der schönen, erotischen Jünglinge, deren Bewunderer sie im Stein verewigten.

Thira wurde als Flottenstützpunkt der Ptolemäer im dritten und zweiten vorchristlichen Jahrhundert mit einer Garnison belegt und die Wohnstadt prächtig ausgebaut. Im Gefolge der neuen Herren zogen fremde Kulte und ägyptische Gottheiten ein: Isis, Sarapis und Anubis. Dem eitlen Ptolemäer-König Artemidoros, der sich gottgleich sah, haben wir es zu verdanken, daß uns aus jener Zeit viele Informationen erhalten blieben. In zahlreichen Inschriften hat er sich und seine Taten verewigt. Fast glaubt man den Mann und seine Persönlichkeit im heiligen Bezirk zu erkennen, den er neben dem Stadttor errichten ließ. Anscheinend waren ihm Altäre und Weihungen noch zuwenig. Dekorationsstücke wie Reliefs heiliger Tiere ließ er in den Fels meißeln – Adler, Löwe, Delphin, mit Epigrammen für Zeus, Apollon und Poseidon. Weil noch ein geeigneter Platz frei war, bepflasterte ihn der selbstherrliche

Adler-Relief aus der antiken Stadt Thira auf dem Messavouno

Mann aus Perge mit seinem Porträt. Dazu die Inschrift: »Als ein Denkmal für Thira wird, solange des Himmels Gestirne aufgehen und der Erde Grund besteht, der Name des Artemidoros nicht vergehen.«

Alte Steine und ihre Geschichte

Ich wanderte durch das Ruinenfeld auf dem schmalen Berggrat. Grobgepflasterte Wege – wieviel Zeit, wieviel Geschichte war über die alten Steine hinweggezogen! Sie hatten den orkanartigen Nordwinden standgehalten, den glühenden Strahlen der Mittagssonne, den harten Schritten von Soldatenheeren. Die archaischen Mauern der Dorerstadt neben ptolemäischen Kultplätzen. Hellenistische Häuser, Agora, Tempelreste, vieles davon in byzantinischer Zeit überbaut. Das kleine Theater hatte es mir besonders angetan. Es war fast gänzlich in den Hang eingesunken. Hier wurde erneut deutlich: Wo immer Griechen ein Theater bauten, nie verließ sie ihr starkes Gespür für das Einbinden in die Landschaft. Welch grandiose Kulisse – in der Ferne schwamm in der tiefblauen See die Insel Anaphi, über mir nichts als das sonnenüberflutete Himmelsgewölbe. Alles stimmte zusammen, das uranfängliche, strenge Ethos monumentaler Kunst, das naturhaft einfache Lebensgefühl und die Landschaft.

An dieser Stelle möchte ich aufhören, in Santorins Gegenwart und Vergangenheit herumzuspazieren. Es gibt andere Erfahrungen, unerschöpfliche Reichtümer, die diese Insel zum Geschenk anbietet. Aber man entdeckt sie weniger *in* der Welt, sondern dort, wo man ihr den Rücken wendet und bereit ist für die Begegnung mit dem Außerordentlichen. So wie die Kräfte der Natur an Santorin meißelten, so kann der Mensch hier an seiner

Seele meißeln. Ich habe jahrelang die zerklüfteten Klippen, die Hügel, Täler und Strände nach besonderen Kraftplätzen abgesucht. Die Wahrheit ist wohl, daß ganz Santorin ein einziges großes Kraftfeld ist. Die Energie des Vulkans wirkt über Zeit und Raum hinweg. Jeder Stein, jeder Staubpartikel ist davon aufgeladen. Ich saß am Strand und spürte, wie durch den schwarzen Lavasand ein feuriger, reinigender Strom durch alle Chakren hindurch aufstieg. Ich wanderte über das graue, knöcherne Inselrückgrat und sah mit den Augen die Gestalt des Todes in der verbrannten Erde. Doch gleichzeitig spürte ich seine Vibration in meinem eigenen Rückgrat lebendig pulsieren. Und in jedem Pulsschlag lag die immer gleiche Information: »Stirb und werde!«

Die Insel – ein einziges Kraftfeld

Diese Information ist zugleich das Leitthema unserer heutigen Zeit, die von Umbruch und Wandel geprägt ist. Alte Strukturen brechen auf, die Natur kehrt das Innerste nach außen. Die menschlichste und zugleich unerwachsenste – im Sinn von »Nicht-wachsen-Wollen« – Reaktion darauf ist Flucht. Wir beobachten das häufig: Wenn irgendwo auf der Welt ein Vulkan ausbricht, raffen die Menschen alles zusammen und fliehen. Nicht anders verhalten sich die meisten den inneren Ausbrüchen gegenüber. Aber es gehört zu den Gesetzen dieses Daseins, daß alle Kraft sich erschöpft. Auch die Flucht. Und es kommt der Moment, da wir gezwungen sind, uns zu stellen. Spätestens in diesem Augenblick vollzieht sich der Wandel von »Stirb« zu »Werde«, vom Loslösen zum Erlösen.

In Santorin tritt uns neben der sichtbaren Welt die innere Wirklichkeit entgegen und fordert uns auf, ihr zu begegnen, in ihr Erfahrungen zu sammeln,

Auf Santorin gibt es unzählige Kirchen. Jede ist ein Gebet

von denen wir kaum zu träumen wagten. Durch sein Inseldasein ist Santorin ein in sich geschlossener Kosmos, in dem auch die kosmischen Elemente Erde, Wasser, Feuer, Luft in reinster und konzentriertester Form auftreten. Sonne und Licht verbinden sich mit der feurigen Erdenergie zu spannungsgeladenen Kraftfeldern. Wasser und Luft, die fließenden Elemente, verwandeln die Spannung in einen unerschöpflichen Kraftstrom.

Ich habe andere Vulkaninseln erlebt, auf denen die Elemente weniger ausgleichend aufeinander wirkten: Sizilien beispielsweise und Lanzarote. Auch sie lösen starke transformatorische Prozesse aus, sind Plätze für Selbsterfahrung und Erneuerung. Aber ihre Energien erzeugen bei sensiblen oder labilen Menschen häufig Chaos, Panik und Angst. Der innere Schauspieler kann hier seine Lebensdramen voll ausleben.

Ganz am Anfang erging es mir mit Santorin ähnlich. Die Spuren der Vulkanausbrüche, den Feuerberg ständig vor Augen, die Terrasse, auf der ich lebte und arbeitete, an der Kraterwand nur dünn verankert – all das gab meinem Wunsch nach Geborgenheit wenig Nahrung. Als ich endlich begriffen hatte, daß ich draußen nicht finden konnte, was ich nicht in mir selbst suchte, verwandelte sich die Insel für mich vom Trauma zum Traum. Heimat, ohne Frage nach Sicherheit und Beständigkeit, ist Santorin für mich geworden. Eine wunderbare Batterie, an der ich mich aufladen kann. Ihre Energie fließt unermüdlich, meist sanft und inspirierend, mitunter fordernd und aggressiv. Träume, Visionen, Seelenbilder, nirgendwo zeigten sie sich mir in dieser Intensität und Lebendigkeit wie in den Nächten unter kykladischem Himmel. In diesen zeitlosen Augenblicken ist das gesamte Universum enthalten. Es gibt keine Fragen mehr: »Wer bin ich, warum bin ich, wofür bin ich da?«

Da ist nur Raum für die Wahrheit: »Ich bin!«

Kreta – Blumenkinder ohne Geschichtsbewußtsein

Ich erhoffe nichts,
Ich fürchte nichts,
Ich bin frei.
Nikos Kazantzakis

Ein Buch über die Inseln der Ägäis zu schreiben und dabei Kreta auszulassen, ist genauso unvollkommen, wie ihm nur ein Kapitel zu widmen. Denn ohne Kreta gäbe es Europa nicht. Hier erblühte die erste Hochkultur des Abendlandes. Hier stand die Wiege unserer Zivilisation. Seit mehr als hundert Jahren versuchen Forscher, Wissenschaftler und Archäologen, Licht in die geheimnisvolle, sagenreiche Vergangenheit der südlichsten Insel Europas zu bringen. Wirklich gelungen ist es bisher niemandem.

So stehe ich also am Rande einer Reise meiner eigenen Unvollkommenheit gegenüber. Der Wunsch, alles zu erkennen, zu erfahren und ins Wissen zu bringen, scheitert spätestens hier. Ist nicht auch alles, was es über Kreta zu sagen gibt, längst aus berufenerem Mund gesagt worden? »Lathe biosas!« – »Lebe verborgen!« Wir können das Verborgene nur wieder herausholen und von einem anderen Aspekt beleuchten. Und da wir immer die Dinge ausdrücken, die uns selbst am meisten bewegen, will ich es anderen überlassen, das heutige Kreta schreibend zu bereisen, will das Außen nur nutzen, um meinen inneren Spurbildern zu folgen. Wie ich aus diesem Labyrinth herauskomme, weiß ich noch nicht. So greife ich den Ariadne-Faden auf, lasse mich von ihm durch die Mythenwelt leiten, um meinem eigenen Wahrhaftigsein – »Wahrhaft-Sein« – näher zu kommen. Denn die Mythen sind es, die uns eine Erfahrung von Unsterblichkeit geben.

Der Mythen-Kosmos

Da stehe ich bereits vor dem ersten, nicht zu bewältigenden Problem. Kreta ist ja nicht nur der Schauplatz von einem Mythos wie beispielsweise Delos. Kreta ist ein ganzer Mythen-Kosmos voller göttlicher und menschlicher Irrungen und Wirrungen. Dieser Wirrwarr beginnt jedoch nicht auf Kreta, sondern zwischen Himmel und Erde. Kronos, Sohn des Ouranos (Himmel) und der Gaia (Erde), nahm seine Schwester Rhea zur Frau. Kronos war von seinem Vater gewarnt worden, daß ihn eines seiner Kinder entthronen würde. Angesichts dieser Gefahr und weil er die Macht mehr als die eigenen Kinder liebte, verschlang er alle, die ihm Rhea gebar: zuerst Hestia, seine Erstgeborene, dann Demeter, Hera, Hades und Poseidon. Rhea wurde zum sechsten Mal schwanger, da riet ihr Ouranos, nach Kreta zu gehen und das Kind mit Hilfe von Gaia sicher auf die Welt zu bringen. Rhea erreichte Kreta im Dunkel der Nacht, so daß weder Sonne noch Licht das neugeborene Kind Zeus sehen konnten, das dazu bestimmt war, der »Herr der Götter und Menschen« zu werden. Gaia nahm das Kind und verbarg es in den tiefen, dunklen Nischen der diktäischen Höhle. So wurde das Erscheinen von Zeus mehr als mystisches Ereignis gesehen: der Gott, geboren aus dem Höhlenschoß der Erde. Deshalb nennt Aischylos Zeus das »Kind der Gaia«, und Sophokles nennt Gaia »Mutter des Zeus«.

Ich hatte ihn schon Tage zuvor von weitem gesehen, den mächtigen, festungsartigen Berg Dikti, der aus der Gebirgskette gleichen Namens bis 2148 Meter aufragt. Er beherrscht die fruchtbare Ebene von Malia, auf der auch, ganz in Meeresnähe, die Ruinen einer minoischen Palaststadt stehen. Hier war ich stundenlang umhergewandert in einem steinernen Meer, dessen Mauern sich kaum mehr als einen Meter aus dem Erdboden erhoben. Treppenaufgänge führten ins Nirgendwo. Säulenbasen ohne Säulen. Unermeßliches Alter war fast zum Greifen spürbar. Die kostbaren Funde aus den Werkstätten und Grabkammern der Palaststadt Malia waren in verschiedene Museen gebracht worden. So strich auch kein Wächter ständig um mich herum, der aufpaßte, daß ich nichts berührte oder gar aufhob. Anders als der berühmte Palast von Knossos ist Malia zwar ausgegraben, aber nie rekonstruiert worden. Hier blies der Wind vom Meer herein, spielte mit der wilden Gerste zwischen den gewaltigen Quadern. Löwenzahn und Gänseblümchen legten sich schmeichelnd um die verwitterten, flechtenüberzogenen Steine. Ich versuchte in

In Malia

Malia – minoische Palaststadt auf Kreta

den niedergestürzten Mauern die Grundrisse der Palasträume, Gemächer, Hallen und Heiligtümer zu erkennen und stieß auf den Kernos, einen Rundaltar im Mittelhof der Palastanlage. Das Flackern der Opferfeuer und der Gesang von Kureten schien diesen Platz zu umgeistern. Ich hörte die jungen Männer Zeus anrufen, ihnen doch Fruchtbarkeit zu schenken, auch ihren Herden und Feldern, ihren Städten und ihren Schiffen. Ich sah Bilder, in denen eine Prozession sich vor dem Altar versammelte und mit Dankgebeten die ersten Früchte des Jahres in die schüsselartigen Aushöhlungen des Kernos legte. Ich erblickte die Andächtigen und Priester, wie sie ihre Augen über den Kernos hinweg auf den Berg richteten, der sich weit in der Ferne erhob und eine der Gottheit geheiligte Grotte enthielt.

Dem Dikti entgegen

Ich kurvte hinauf, höher und höher, dem Götterberg entgegen. Unter mir lagen als fruchtbarer Schoß die Ebene von Malia und der sanfte Bogen der Chersonisos-Bucht. »*Land inmitten des dunkel wogenden Meeres, schön und fruchtbar und wellenumflutet.*« So sang schon Homer. Mit dem Blick nach oben, angesichts der schroffen und kahlen Berge, die mir auf meiner Fahrt entgegentraten, bekam ich doch Zweifel an den Worten Homers. Sie währten nicht lange. Das ist typisch kretisch. Nie kann man sich auf etwas dauerhaft verlassen und sagen: »Es ist so!« Kaum hat man sich eine Meinung gebildet, hat eine Wegbiegung oder eine Jahreszahl erreicht, taucht dahinter etwas gänzlich Unerwartetes auf. Daran ist schon mancher Archäologe verzweifelt.

Ich jedenfalls hatte eine Wegbiegung inmitten schroffer Felswüste erreicht, da tat sich vor mir die riesige Lassithi-Hochebene auf. Über dieses Land mußte die Göttin geschritten sein und aus

Lassithi – gesegnete Fruchtbarkeit

vollen Händen segnende Fruchtbarkeit geschüttet haben. Urkraft der Erde – hier drängte sie ans Licht. Farbenprächtiger Blumenwildwuchs in saftigem Grün. Gerste, Weizen, Kartoffeln, Gemüse. Es war nicht Erntezeit, sondern erstes Erwachen. Blütezeit. Hier und dort streckte Fenchel seine großen gelben Dolden der Sonne entgegen. Entzündete nicht Prometheus seine Fackel an der Sonne und trug das gestohlene Himmelsfeuer im Innern eines hohlen Fenchelstiels der Menschheit zum Nutzen zur Erde hinab? Hier waren Nahrung und Genährtsein im Überfluß. Von den Bergen des Dikti floß das letzte Schmelzwasser zu Tal, und zigtausend Windräder zapften das Grundwasser an und verteilten es über die Felder.

Im kleinen Dorf Psychron, am Rande des Dikti-Gebirges, suchte ich im staubbedeckten Durcheinander eines Kolonialwarengeschäftes nach einer Taschenlampe. Der Besitzer trat hinzu, fragte nach meinen Wünschen. Beim Wort Taschenlampe zogen sich seine dicken Brauen zusammen. »Du willst doch nicht in die Höhle?« Er versuchte es mir auszureden. Es sei noch zu früh im Jahr. Die Führer kämen erst Mitte Mai. Das Gelände sei jetzt verschlossen. Ich war hocherfreut. Das versprach Stille und Einsamkeit. Als er merkte, daß ich mich von meinem Vorhaben nicht abbringen ließ, brachte er ein paar Kerzen. Dann zog er seine Fellweste aus und legte sie mir um die Schultern. »Du wirst sie brauchen. Bring sie später zurück. Kalo taxidi – gute Reise!«

Ich stieg bergan. Dreißig Minuten. Anfangs waren es noch ausgebaute Stufen. Dann wurde der Götterweg zum steinigen Pfad. Glitschig vom Wasser und rundgetreten von Eselshufen. Der Duft wilder Kräuter lag in der Luft. Bäume und Büsche krallten sich ins nackte Gestein. Silbrige

Die diktäische Höhle auf Kreta – hier soll Zeus geboren sein

Olivenblätter an knorrigen Ästen – der heilige Baum Athenes. Ein Lorbeerbäumchen, ganz jung noch, dem Gott Apollon geweiht. Sie standen Spalier auf dem Weg zum Höchsten unter ihnen. Ich blickte hinab auf die Lassithi-Ebene und die Bergwelt ringsum, und mir wurde klar, warum sich die Phantasie der antiken griechischen Dichter diesen Ort als Geburtsstätte für Zeus ausgewählt hatte. Die baumbestandenen Berge, der Zauber und die Schönheit der Landschaft, die harmonische Verbindung des Wilden und des Zahmen, die Unzugänglichkeit der Berge und der Schutz, den sie boten, waren kostbares Material für den Mythos. Nur hier, so entschied ich für mich, war es möglich, daß der größte aller Götter geboren werden konnte. Ich weiß, daß ich mich damit in einen nie endenden kretischen Streit begebe. Denn es gibt noch eine zweite unter den mehr als 3000 Höhlen, die das Recht des Geburtsortes für sich beansprucht. Hoch oben an der Flanke des Ida-Berges liegt sie. Ein recht kühler und windiger Ort, mit Schneefeldern bis in den Frühsommer hinein. Zu unwirtlich vielleicht für ein zartes Götterknäblein. So entschied man sich vorläufig dafür, Zeus erst dorthin zu verpflanzen, als er im Krabbelalter war.

Die Höhle

Ich stieg über den Zaun. Ein paar Schritte noch. Tanz der Devas und Elfen am Eingang der Höhle. Wildblumen in steinernen Vasen. Moosteppiche auf dem Marsch von der Dunkelheit ins Licht. Ich ging den umgekehrten Weg, tauchte ein in den Geburtskanal. Mystisches Dämmerlicht. Grüngoldener Schimmer. Tiefer hinab. Das Suchen nach innerem und äußerem Halt in der feuchten unterirdischen Sphäre. Eisige Luft. In die Totenstille hinein der Flügelschlag einer Wildtaube. Letzter Wächter des tierischen Königreiches, das in fernen Zeiten zum Schutz des Kindes Zeus errichtet worden war. Im flackernden Kerzenlicht sah ich den Stalaktitenwald. Ein Wunderwerk, von den Tränen der Steine gebildet, die viele Jahrhunderte von der Höhlendecke tropften. Am tiefsten Punkt der Höhle öffnete sich ein schmaler Spalt. Ich schlüpfte hinein in die Gebärmutter des Berges. Totale Finsternis umgab mich. Mein eigener Herzschlag im Herzschlag der Ewigkeit. Geburt eines Gottes. Omphalos-Nabel der Welt. Ich stand im Zentrum einer unfaßbaren Kraft. Traum! Alpdruck! Eben noch fühlte ich mich von dieser Kraft liebend umfangen. Jetzt drängte und schob sie mich gewaltsam fort. Einatmen und Ausatmen. Einsaugen und Wegstoßen. Wehe auf Wehe.

Schmerzvoll und ahnungsvoll. Die Erde, Gaia, meine Mutter, gebar. Der Schrei wurde von den Wänden der Höhle zurückgeworfen. Schmerzensschrei! Freudenschrei! Ein Gott war geboren. Auch ein Mensch. Ich sank nieder, fühlte die Tränen des kühlen Steines sich mit meinen eigenen heißen mischen. Später zündete ich alle Kerzen an, steckte sie fest in die Felsritzen. Im goldschimmernden Halbdunkel sah ich mein Spiegelbild in dem kleinen Teich. Auch auch die Stalagmiten-Gestalten spiegelten mit: Zeus, Athene, Hera, der Schleier der Europa. Ich nahm den kleinen Kristall, den ich als Glücksbringer um den Hals trug, und warf ihn in den Teich. Er fiel, vom Kerzenlicht getroffen, wie eine Sternschnuppe nieder, und alle Bilder verschmolzen auf der Wasseroberfläche miteinander.

Jenseits aller Zeitbegriffe

Es ist seltsam: Sobald wir Menschen uns jenseits aller Zeitbegriffe aufhalten, spüren wir weder Kälte noch Hunger oder Durst. Als ich mich vom Innern der Dikti-Höhle wieder ans Licht begab, suchte ich vergeblich nach der Sonne. Die Nacht hatte sich bereits ausgebreitet, und eine silberne Mondsichel stand am Himmel. So viele Stunden! Plötzlich zog ein nagendes Hungergefühl meine Magennerven zusammen, und ich war dankbar für die Fellweste. Aber ich blieb sitzen auf dem weichen Moos, angezogen von diesem gleichzeitig göttlichen und irdischen Lebensstrom unten im Berg und hier inmitten der Natur. Zeus und Gaia, die männliche, zeugende Kraft und die weibliche, gebärende, hier wurden sie über Jahrtausende nebeneinander verehrt. Das gilt auch für zahllose andere Höhlen Kretas. Sie wurden Gottheiten geweiht und zu Heiligtümern ausgebaut. Überall fand man Altäre, Kultgegenstände und kostbare Votivgaben. Die antiken Götter wurden im Christentum durch die vielen Heiligen abgelöst. Die Höhle ist ja auch ein Symbol, das mit der christlichen Überlieferung und Darstellung eng verbunden ist. Eva gebar Kain und Abel in einer Höhle, Moses und der »flammende Dornenbusch« stehen mit einer Höhle im Zusammenhang. Die heilige Jungfrau wurde bei der Geburt Christi von einer Höhle geschützt. Johannes schrieb seine Offenbarung in einer Höhle.

Europa und die Minoer

Doch ich will noch einen Augenblick bei der diktäischen Höhle verweilen, denn dem Mythos nach schlug hier auch die Geburtsstunde Europas und der Minoer. Sie hatte, so sagt man ihr nach, schon immer einen Sinn für das Ausgefallene, die schöne, phönizische Prinzessin Europa. Eines Tages schwamm sie mit ihren Gefährtinnen im Meer, als plötzlich den Fluten ein mächtiger, weißer Stier entstieg. Europa, mutig und keck wie sie war, streichelte dem schönen Tier die Nüstern, kraulte ihm den Nacken und schwang sich zu guter Letzt sogar auf seinen Rücken. Das war der Moment, auf den der Stier gewartet hatte. Er stürzte zurück ins Meer und schwamm so ungestüm, daß sich das nackte Mädchen gerade noch an seinen Hörnern festhalten konnte. So entschwand die Prinzessin als leichte Beute göttlicher Lust für immer ihrer asiatischen Heimat. Auf Kreta endete die mythische Mittelmeerkeuzfahrt, die unserem Kontinent zu seinem Namen verholfen hat. Zeus, von dem wir aus vielen anderen Geschichten wissen, daß er die Geheimnisse von Telekinese und Transformation für seine eigenen Vergnügungen benutzte, nahm im kretischen Gortis wieder Gottesgestalt an und schwängerte die verzückte Europa. In der diktäischen Höhle gebar sie den ersten von drei Söhnen. Minos hieß er. Nach ihm wurde die früheste Hochkultur unseres Erdteils benannt, nach ihm heißen ihre Schöpfer Minoer.

Der Gipfel ist kein Platz für den Daueraufenthalt. So stieg ich von meinem Berg am frühen Morgen herab und begab mich auf den Weg nach Knossos. Göttergeschichte. Zeitgeschichte. Mythisches und Menschliches. Jetzt wurde es noch unentwirrbarer. Und alles hing an diesem Minos, von dem man nicht einmal weiß, ob es der Name eines Königs oder ein Königstitel war, gleich dem der Pharaonen. Unsere Großeltern hatten es noch viel einfacher als wir. Sie fanden ihren Orientierungspunkt und ihre griechische Seelensuche im antiken Hellas. Doch seit Sir Arthur Evans am 23. März 1900 mit seinen Grabungen in Knossos begann, tauchte ein anderer leuchtender Fixstern auf: die minoische Kultur. Was Evans in Knossos fand, war unglaublich. Doch es war erst der Anfang. Hundert Jahre Archäologiegeschichte legten andere Palaststädte frei: Malia, Phaistos, Kato Zakros, Hagia Triada, Archanes. Daraus formte sich das Bild einer hinreißenden, subtilen, in sich geschlossenen Kultur, die bei aller Kommunikation mit den zeitgleichen Großreichen des östlichen Mittelmeeres ihre Eigenständigkeit, ihren Stil, ihre Kultformen anderthalb Jahrtausende lang völlig unabhängig bewahrt und entwickelt hat. Das Minoische wurde zum Inbegriff des frühesten Europa. Die Minoer rückten auf zu Lehrmeistern Mykenes und des archaischen Griechentums, an deren Fackel sich das Licht des klassischen Abendlandes entzündete. Betrachten wir das archäologische Testament, das uns die Minoer hinterließen, fühlen wir uns stark zu diesem eleganten und schöngeistigen Volk hingezogen. Und wir können uns des Eindrucks nicht erwehren, daß wir sie wirklich kennenlernen könnten,

Eine unglaubliche Kultur

wenn wir ihnen nur noch einen Schritt näher kämen.

Anonym bis zum Untergang

Aber dieser letzte Schritt ist der schwierigste. Die Minoer sind das einzige schriftbegabte und hochzivilisierte Volk in der Welt, das offenbar überhaupt kein Geschichtsbewußtsein besaß. Namen und Daten bedeuteten ihnen so wenig, daß sie keinerlei schriftliche Zeugnisse über das eine oder andere hinterließen. Hätte es eine einzelne geschichtliche Persönlichkeit gegeben – einen Salomon, einen Perikles, einen Echnaton, einen Nebukadnezar –, einen Menschen aus Fleisch und Blut mit seinen Machtgelüsten, Eroberungen und Niederlagen, den man aus den mehreren tausend Jahren minoischer Geschichte herausschälen könnte, so würde dieses Gefühl körperloser Unpersönlichkeit wahrscheinlich verschwinden. Aber es fand sich keine solche Persönlichkeit. Die Minoer blieben anonym – von dem Augenblick, in dem sie auf der Bühne der Geschichte erschienen, bis zu dem, in dem sie wieder abtraten.

Nein, sie fielen nicht vom Götterhimmel direkt auf die Insel Kreta, die ja so verkehrsgünstig am Schnittpunkt von Asien, Afrika und Europa liegt, wie Sir Evans, der Erfinder und Finder der Minoer, es sich bei der Namensgebung so dachte. Die Minoer waren auch kein singuläres, isoliertes Ereignis ohne historisches Vorher und Nachher. Soviel zumindest weiß die Forschung heute: Die kretische Blüte erwuchs aus der kulturellen Gemeinschaft der Mittelmeerländer. Sie empfing Anstöße aus Ägypten und dem Vorderen Orient und machte über ihre Zeit hinweg durch die mykenischen und dorischen Zwischenglieder griechische Geschichte.

Auf dem Weg zwischen den beiden Palastanlagen Malia und Knossos kommt man bei Amni-

Der Palast von Knossos – die südlichen Propyläen

sos an der »Höhle der Eileithyia«, der Göttin der Niederkunft, vorbei. Sie birgt in der inneren zweier Umfriedungen einen aufragenden Stalagmiten, einen naturhaften Phallus, unverkennbar ein männliches Kultmal inmitten des weiblichen Heiligtums. Die Verehrung der Fruchtbarkeitsgöttin schloß das Zeugungswunder mit ein.

Fünfzehn Jahre bevor Evans seine Grabungen in Knossos begann, drangen Archäologen in die Höhle ein und fanden neben zahlreichen Opfergaben aus der minoischen Zeit neolithische Vasen. Was bezeugt, daß die Heimstatt der Fruchtbarkeitsgöttin lange vor den Minoern von hoffnungsvollen oder verzweifelten Frauen aufgesucht wurde. Zwischen dem sechsten und fünften Jahrtausend vor Christus kamen wohl die ersten Siedler aus Kleinasien oder Afrika herüber. Sie führten ein primitives Leben, waren vielleicht noch Halbnomaden. Doch besaßen sie bereits eine entwickelte Religion, deren Mittelpunkt eine mütterliche Fruchtbarkeitsgöttin war.

Die Göttin ohne Tempel

Von dieser Göttinnen-Energie, die sich ganz im Naturhaften ergeht, war auch die gesamte minoische Kultur durchdrungen. Die Menschen lebten in einer Welt des Einklangs mit der sich stets erneuernden Natur, in einer tiefen Hingabe an den Kult der Großen Mutter. Bei den Minoern erfuhr sie auch ihre Verwandlung von der vielbrüstigen, kraftstrotzenden Matrone zu jener feingliedrigen Schönheit mit Wespentaille und königlichem Gang. Eine Mädchen-Göttin, stelle ich mir vor, muß sie gewesen sein: heiter, elegant und anmutig. Eine Gestalt, in der sich Frühlingserwachen und Sommerfülle vereinten. Ein zarter Körper mit schwingenden, festen Brüsten. Es bleibt so viel Raum zur Ausschmückung der Phantasie, denn die Minoer machten sich keine Bilder von ihrer Gottheit. Sie bauten ihr auch keine Tempel. Sie, die Allgegenwärtige, ließ sich nicht in einen Raum bannen. So suchten die Menschen sie überall unter freiem Himmel, wo immer sich die Natur hoheitsvoll oder auch liebevoll gebärdete – auf dem Gipfel, in der Höhle, im Hain, in einem mächtigen Baum. Die Hinwendung zum Göttlichen findet in der Kunst einzig ihren Ausdruck über die Darstellung der Natur. Auf minoischen Fresken wimmelt es von rankenden Pflanzen, blühenden Blumen, springenden Delphinen, sich schlängelnden Tintenfischen, fliegenden Schwalben und stolzierenden Steinböcken. Aus allen Bildern spricht die Freude am Augenblick, an das »Verweile doch, du bist so schön«: Ein hellblauer Affe pflückt Blumen, die

Wildkatze lauert im Dickicht einem Fasan auf, in lyrischen Landschaften fliegen Schwärme exotischer Vögel. Aber auch Menschen treten auf: Einen Jüngling umschweben Schmetterlinge beim Wandeln durch einen Blumengarten. Ein anderer führt einen Greifen an der Leine spazieren. Jagdszenen finden wir, Stierspiele, Prozessionen, Feste, bei denen auch das Volk höchst selbstverständlich und ohne hierarchische Abstufung auftritt.

Städte ohne Mauern

Eine Gesellschaft von Blumenkindern müssen sie gewesen sein, mit viel Gefühl für die Freuden des Lebens. Das, was sie uns hinterlassen haben, ist ein Bild, in dem Sport, heitere Kulthandlungen, Prozessionen, Tänze und die Schönheiten der Natur die Hauptrolle spielen. Und doch darf nicht der Eindruck entstehen, die Minoer seien ein Volk gewesen gleich unseren Hippies und Blumenkindern der siebziger Jahre. Sie arbeiteten fleißig und gelangten zu Wohlstand, waren geschickte Händler, tüchtige Seefahrer, und ihr Einfluß war überall in der Ägäis spürbar. Ihre Vormachtstellung scheint eher eine Folge ihrer kulturellen Überlegenheit gewesen zu sein als eine Sache unmittelbarer politischer Herrschaft. Im Gegensatz zu den Kykladenstädten, die nur als starke Festungen zu überleben vermochten, hatten die minoischen Städte keinerlei Schutzmauern. Aus dieser Tatsache kann man nur schließen, daß sich die Minoer im Bewußtsein ihrer Überlegenheit zur See so sicher fühlten, daß sie Befestigungen für reine Energieverschwendung hielten. Ob sie jemals Krieg geführt haben, wissen wir nicht. In ihren bildlichen Überlieferungen ist davon nirgendwo die Rede. Dafür um so mehr von der Frau.

Die minoische Zeit, das ist eine Welt weiblicher Dominanz. Doch dieses Bild hat nichts zu tun mit dem erdrückenden Matriarchat anderer Völker, in dem das Weibliche seine Umkehrung erfährt und mit seinem Machtanspruch das Männliche nicht nährt, sondern unterdrückt. Nein, die minoischen Frauen waren keine Vorreiterinnen heutiger Emanzen. Die gesellschaftliche Hochachtung ihnen gegenüber leitete sich vom Glaubensbekenntnis dieses Volkes ab, das die tragende Weltkraft als weibliches Prinzip deutete. Die kultischen Dienste für die Große Göttin waren allein den Priesterinnen vorbehalten. Ihre Monopolstellung wurde nur durch den an der Spitze stehenden Königspriester durchbrochen.

Die Minoerzeit: Eine Welt weiblicher Dominanz

Auch im Gesellschaftsleben räumte man der Frau offenbar den Vorrang ein. Bei öffentlichen Ereignissen wurde ihr stets der herausgehobene Platz reserviert. Man sieht sie auf bildlichen Darstellungen als Inbegriff des Ewig-Weiblichen, voller Anmut, aber auch Selbstbewußtsein. In tiefausgeschnittenen Kultkleidern zeigt sie ihre Brüste. Von der enggeschnürten Taille der Stufenrock in weitem Wurf, das Haar ist kunstvoll hochgesteckt. Wie in Ägypten war den Frauen die weiße Hautfarbe vorbehalten, den Männern blieb ein gleichmachendes Rotbraun, in dem sie zu einer fast amorphen Masse verschmolzen. Das Thema Gleichberechtigung scheint für die Minoer keines gewesen zu sein. Am Stierspringen nahmen auch die Mädchen teil, obwohl diese sportlich-kultische Handlung ja alles andere als ungefährlich war. Die Jünglinge und Mädchen stellten sich mit dem Gesicht zum heranstürmenden Stier, packten seine gesenkten Hörner und ließen sich vom emporschnellenden Kopf des Stieres in die Höhe schleudern. Im Bruchteil einer Sekunde, genau im richtigen Augenblick, ließen sie die Hörner los, landeten auf dem Rücken des Tieres und spran-

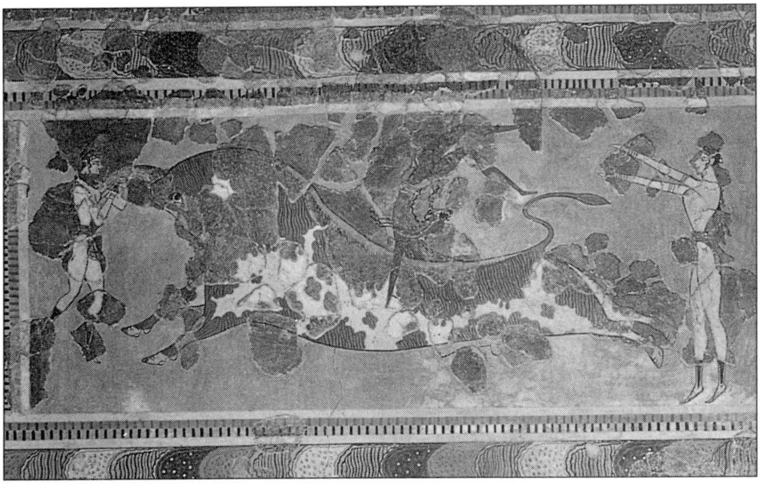

Das Stierspringen war zur Zeit der Minoer eine sportlich-kultische Handlung (Fresko aus Knossos)

gen herab, ehe der Stier sich umwenden konnte, um neuerlich anzugreifen.

Kreta zur Zeit der Minoer, diese Bilder weiblicher Verzauberung und Selbstverständlichkeit haben sich mir unvergeßlich eingeprägt. Ich fühle mich immer wieder zu ihnen hingezogen mit einer Mischung von Sehnsucht und Trauer. Da gab es schon einmal, an der Wiege unserer eigenen Kultur, so etwas wie ein irdisches Paradies. Menschen, die ganz im Einklang mit der Natur lebten, die keine Kriege brauchten und sich nicht aufrieben im Kampf der Geschlechter untereinander. Ich blicke in meinen eigenen Spiegel und den Spiegel der Welt, sehe Frauen, die um ihre natürlichen Rechte streiten, und Männer, die ihre Domänen angstvoll verteidigen. Das sieht ganz und gar nicht anmutig aus. Ich sehe, wie wir unsere Energien verschleudern, und höre die nicht endenden Diskussionen über die Energiekrise. Der Raubbau, den wir mit den äußeren Energien treiben, ist genauso rücksichtslos wie die Vernachlässigung der geistigen Energien. Wir haben uns der äußeren Welt zugewendet, auf Kosten der inneren, und unsere spirituelle Dimension verschüttet. Erkennen wir nicht, welche ungeheuren Möglichkeiten uns auf den Ebenen des Geistes und der Seele offenstehen? Der vielzitierte Satz von der Rückbesinnung auf alte Werte mag mittlerweile schal klingen. Und doch – wenn ich die Bilder der Minoer betrachte, hat er an Wahrheit nichts verloren. Da gab es einmal ein Volk, das aus dem freien Fluß göttlicher Energie schöpfte, das die weibliche Quelle der Intuition und Inspiration mit der männlichen Geistes- und Tatkraft verband und in einem Strom zusammenfließen ließ, der eine der größten und blühendsten Kulturen der Welt hervorbrachte. Wenn ich verzweifelt bin über mich selbst, weil ich mich wieder in uralte Machtspiele verwickelt habe, die Menschen nicht lieben kann und die Natur nicht mehr sehen, dann nehme ich mir das Bild mit dem blauen minoischen Delphin zur Hand und beginne erneut, die Göttin in mir zu suchen.

Das Museum von Iraklion

Wer Knossos, Phaistos, Malia und andere minoische Stätten aufsucht und versäumt, vorher das Museum zu besuchen, bekommt sicher ein völlig falsches Bild von den Minoern. Das Archäologische Museum steht in Kretas Hauptstadt Iraklion, die genauso unglaublich häßlich ist, wie die Stücke des Museums schön sind. Fünftausend Jahre Geschichte, untergebracht in zwanzig Sälen. Das ist kein Erlebnis des kühlen Intellekts. Es ist vielmehr ein Fest für die Augen, ein Schwelgen in Empfindungen. Die Steinmetzarbeiten, die Figurengruppen, der Gold- und Silberschmuck, die Fruchtbarkeitsidole, die Miniaturen, Skulpturen und Malereien atmen sämtlich eine geradezu fieberhafte Lebendigkeit. Hier spürt man überdeutlich: Der Minoer lebte für das Leben. Was immer seine Hände hervorbrachten, es zeugt von Vollendung, von einer Sicherheit, die das Suchen und die Probleme weit hinter sich gelassen hat. Diese sehr feine Kunst spricht uns unmittelbar an, ist uns viel vertrauter als die ägyptische oder assyrische. Sie hat nichts von der gewaltsamen Pracht der Mykener und der überhöhten, kühlen Feierlichkeit des klassischen Griechenland.

Knossos heißt eine mächtige Stadt,
da Minos vorzeiten, der Vertraute des Zeus,
neun Jahre lang König gewesen.

Mehr Mythos als Geschichte

So singt Homer in der »Odyssee«, und der Athener Historiker Thukydides berichtet über Minos, er sei der erste gewesen, der eine starke Flotte besaß und damit die Seeräuberei in der Ägäis niederhielt. Andere antike Autoren erzählen, Minos habe mit seiner Thalassokratie für eine segensreiche *Pax minoica* in der Ägäis gesorgt. Selbst Athen scheint Kreta zeitweise Tribute geleistet zu haben – die Theseus-Sage ist kaum anders zu deuten. Von der größten Palastanlage der Insel aus soll Minos, der König oder der Priester oder auch der Priesterkönig, geherrscht haben. Und nach ihm gab es wohl noch viele andere, die mit dem Titel »Minos« regierten. Das Ganze ist ein recht undurchsichtiges Kapitel, stützt sich mehr auf Mythisches denn auf Geschichtliches, und ist ebenso labyrinthisches Gewirr wie der Palast von Knossos selbst. Ich will mich in all die bändefüllenden Vermutungen und Spekulationen nicht einlassen. Sie vernebeln mein recht getrübtes Verhältnis zu Zahlen nur noch zusätzlich. Und wo der Mythos Raum greift, haben Zahlen ihren Sinn endgültig verloren. Kein anderer Platz auf Kreta wird von Mythen (herrlich), Archäologen (bedingt herrlich) und Touristen (schrecklich) so heftig umworben wie Knossos. Ich reihte mich also in diese mehr oder weniger illustre Gesellschaft ein. Knossos war für mich eine Offenbarung, wenngleich ich zugeben muß, daß die Palastanlage von Phaistos eine Aura von Würde und Großartigkeit hat, ein Gefühl von harmonischer Proportionierung, die Knossos nicht besitzt.

Knossos

An diesem Frühlingstag im April erlebte ich das fast Unmögliche: Außer drei einsamen Gestalten und mir war Knossos sich ganz selbst überlassen. Keine lauten Touristen, die sich, an Säulen und Fresken drapiert, gegenseitig fotografierten. Keine Fremdenführer, die sich darüber ausließen, ob Sir Arthur Evans bei seinem ehrgeizigen Versuch, die ausgegrabene Stadt zu restaurieren, zu weit oder nicht weit genug gegangen war. So stand ich also am Eingang vor dem Denkmal des Erbauers und erwies ihm meine Reverenz. Was hätte er, der ja nur nach Kreta gekommen war, um seine heißgeliebten Siegelsteine zu suchen, statt dessen Knossos fand und sein gesamtes Privatvermögen in den Wiederaufbau steckte, anderes tun sollen? Die jahrtausendealten Backsteine zerbröckelten, als sie freigelegt wurden, und die verschiedenen Geschosse und Terrassen des Palastes wären auf immer verschwunden, wenn man nicht die einstmals für hölzerne Säulen und Balken bestimmten Löcher mit Beton ausgegossen und auch sonst Stahl und Eisenträger bei der Rekonstruktion verwendet hätte. Heute sieht man die riesigen Mauern, Treppenfluchten und Stufenanlagen ziemlich genau in der Gestalt, die sie beim Wiederaufbau nach dem Erdbeben um 1600 vor Christus hatten.

Fruchtbare kretische Erde. Frühlingsgrün und rotflammender Klatschmohn. Vom Alter gekrümmte Olivenbäume und schattenspendende Dächer breitkroniger Pinien. Zypressen im Aufmarsch zur Prozession. Hügelflanken und sanfte weinbewachsene Täler. Ein Windhauch bringt Kühle von den Bergen herab. Der Gipfel des Jouchtas zieht die Aufmerksamkeit von überallher auf sich. Seine aufsteigenden Hügel wölben sich zu üppigen Brüsten. Heiliger Berg. Körper der göttlichen Mutter. Verehrt und angebetet. Und unten im Palast stehen in heiliger Andacht deine Priesterinnen und blicken zu dir empor. Die Erinnerung hieran war noch lebendig zu Euripides' Zeiten, der in seiner »Helena« schrieb:

Lang ist es her, daß die Bergmutter
Aller Götter . . .

Daidalos' Werk

Hier in Knossos war es nicht schwer, die Bilder der Vergangenheit zu beschwören und eine Vorstellung des minoischen Lebens zu gewinnen. 1400 Palasträume auf 20 000 Quadratmetern Bodenfläche. Eine Stadt in der Stadt, die sich mit fast 80 000 Einwohnern rings um den Palast ausbreitete. Errichtet vom größten Baumeister seiner Zeit: Daidalos. Die Anlage ist riesig, mit den Augen auf einen Blick nicht zu erfassen. Orientierung schien mir unmöglich. Und doch hatte ich gleich am Anfang das Gefühl: Dieser Palast war nicht ausgerichtet auf Machtdemonstration, verkörperte nicht den Sitz eines menschlichen Königs, der ehrfurchtgebietend über seinen Untertanen thronte. Keine selbstherrliche Distanzierung vom Volk, kein Schweben über der Landschaft. Die mehrstöckigen Gebäude, Höfe, Werkstätten, Magazine, alles war durch abgestufte Gartenterrassen miteinander verbunden und fügte sich wie selbstverständlich in seine natürliche Umgebung ein.

Ich kam, wie alle Besucher, über den Westhof. Er bildete wohl schon früher den Hauptzugang zum Palast, und ich stellte mir vor, wie sich am Altar der Westmauer die Menschen versammelten und zum Prozessionsgang formierten. Durch den Prozessionskorridor schritten sie in das Innere des Palastes. Voran die Priesterin, dahinter die Weihgabenbringer und Musikanten. Heute ist dieser Korridor nur noch ein offener, mit Steinfliesen ausgelegter Pfad, der unvermittelt aufhört, wo das Gelände nach Süden steil abfällt. Silbergraue niedergestürzte Steine in einer kleinen Schlucht, Gebäude- und Säulenreste. Ich stieg hinab in dieses Stück Abgeschiedenheit und stieß auf die erstaunlich gut erhaltene Ruine des Südhauses. Hier fand ich in Miniaturausgabe, was der Palast in Überfülle bot: die sich nach unten verjüngenden Säulen, die Treppenfluchten und ineinander verschachtelten Räume, die Türgewände aus monolithen Alabasterblöcken, die Pfeilerkrypta, das Kultbecken. Aus einem Fenster konnte ich den Palast sehen, wie er droben auf seinen massiven Stützmauern thronte. Dort, hart am Rand, stand ein riesiges steinernes Wahrzeichen, die »Hörner der Weihe«. Für die Minoer gehörte das Stierhorn-Symbol zu den Insignien der Erdgöttin. Und Evans stellte dieses zwei Meter hohe Denkmal an der Stelle auf, an der er das Bruchstück eines Hornes fand. Die Wirkung ist außerordentlich und hatte für mich zugleich einen tiefen Symbolgehalt. Zwischen den Hörnern hindurch blickte ich auf den Jouchtas. Der befruchtete männliche Samen begann im Mutterschoß aufzugehen. Im Auf- und Abschwellen der

Die »Hörner der Weihe«

Landschaft lag die Verheißung, daß die Erde fruchtbar sein würde, daß Weinrebe und Olivenbaum reiche Ernte tragen, daß die Obsthaine schwer von Früchten hängen und die Felder unter der Sonne reifen würden. Große Mutter, Erdgöttin, wenngleich von den Menschen vergessen, bist du doch da!

Minos, Pasiphaë und die Nymphen

Ich kann schwer verstehen, warum Knossos häufig wegen seiner Lage und seines Hintergrunds geschmäht wird. Denn die Umgebung ist schön im milden, hellen Sonnenlicht. Die Weinberge und Olivenhaine bilden geometrische Muster auf den Hängen. Und die Farben der Frühlingsblumen sind die gleichen, die wir auf den Fresken der Minoer finden. König Minos selbst, wie sehr muß er diese Landschaft und ihre Inhalte geliebt haben! Die Sage erzählt, er sei überglücklich über die flachen Ebenen und zerklüfteten Berge gewandert und habe den Nymphen nachgestellt. Was seine Gemahlin Pasiphaë so erboste, daß sie einen Bann über Minos verhängte. Jedesmal wenn er mit einer Nymphenfrau schlief, gab er einen Schwarm von Schlangen, Skorpionen und Tausendfüßlern von sich, die »an ihren Gedärmen zehrten«.

Vielleicht wünschte sich mancher Besucher eine dramatische Landschaftsszenerie für den Fürstenplatz, mehr Raum und Weite, um ihn richtig zur Geltung zu bringen. Aber Dramatik und Raumgröße waren nicht Sache der Minoer. So sehr ihre Paläste auch zu Prunk und Pracht neigten, so verzichteten sie völlig auf repräsentative Außenwirkung und zogen sich nach innen, in die Intimität des privaten Genusses zurück. Die Wohngelasse, Werkstätten und Magazine, ja selbst die Kulträume, Staatsgemächer, das Megaron der Königin und der Thronsaal sind in Knos-

Die minoische Kunst war von der Liebe und Verehrung für die Natur geprägt (Fresko aus Knossos)

sos unangemessen klein und eng. Sie ertrinken im Überfluß der mannigfach gebrochenen, immer wieder abgewinkelten Korridore, in Säulenhöfen, Treppengängen, Lichtschächten, Fenstern, Loggien und Veranden. Der ganze Palast ist ein Dschungel, mehr aus der Willkür gewachsen, als nach Planung gebaut. Es ist, als habe sich hier eine unerschöpfliche Lust an Umbau und Erneuerung ausgetobt. Dazu kommt die Farbigkeit: kein Mangel an rot angemalten, runden Säulen. Fliesen aus irisierendem Alabaster, grünem Schiefer, schwarzem Titanolith. Die Fugen sind ausgefüllt mit roten Stuccobändern; immer wieder auf Dekoration und Rauminterpretation hin kalkulierte Fresken. Nichts Statisches, keine Förmlichkeit und Feierlichkeit, alles mehr rätselhaft als geheimnisvoll. Das Geheimnisvolle liegt im Dunkel. Knossos aber ist lichtdurchflutet. Alles ist offen und auf Durchblick angelegt, der sich dennoch verfängt und verwirrt in der Verschachtelung der gebrochenen Linienführung. Dieser Palast ist faszinierend, raffiniert, aber er lädt nicht ein zum Sitzen oder Ruhen, zur »Bleibe«, er provoziert zu Wandel und Wandeln, zu Bewegung und Wechsel.

Das Labyrinth und die Doppelaxt

»Wo geht es hier zum Labyrinth?« fragte mich ein Engländer, mit dem ich im Thronsaal zusammenstieß. Er hatte noch nicht gemerkt, daß er mittendrin stand. Denn Knossos ist ganz sicher das Synonym für Labyrinth. Wer einmal für ein paar Stunden hier treppauf, treppab gelaufen und geirrt ist, wird nicht mehr fragen, warum Theseus sich dem Faden der Ariadne anvertrauen mußte, um aus dem Labyrinth herauszufinden.

So will auch ich meinen droben in der Dikti-Höhle verlorenen Mythen-Faden wieder aufnehmen, mich auf einem sonnenwarmen Stein niederlassen und die Zeus-Europa-Minos-Geschichte »weiterspulen«. Minos, so wissen wir bereits, ging aus der Verbindung von Zeus und der phönizischen Prinzessin Europa hervor. Sein Name »Meinos osia« bedeutet soviel wie »Geschöpf des Mondes«. Interessanterweise war die Doppelaxt in Form einer zunehmenden und abnehmenden Mondsichel das geheiligte Symbol der minoischen Religion, vergleichbar mit dem Kreuz des Christentums und dem Halbmond des Islam. Die Doppelaxt findet sich überall auf den Palastmauern, ist in die Steine eingeritzt oder geschnitzt und erscheint auch als Kultgegenstand in den Schreinen. Eine Tatsache, die den Eindruck verstärkt, daß der gesamte Palastkomplex als heilig galt und durchlichtet war von der Anwesenheit der Göttin oder ihres Stellvertreters auf Erden, des Priesterkönigs.

Dieser Stellvertreter auf Erden war also im »Goldenen Zeitalter« Minos, der Kreta nach den weisen Gesetzen regierte, die ihm sein Vater Zeus alle neun Jahre gab. Er nahm standesgemäß Pasiphaë, die Tochter des Sonnengottes Helios und der Nymphe Kreta, zur Frau und hatte mit ihr vier Söhne und Töchter. Eines Tages wollte Minos einen Stier opfern und erbat von Zeus oder Poseidon ein Opfertier. Dem Meer entstieg ein herrlicher weißer Stier. Sicherlich nicht dem unähnlich, der Europa auf seinem Rücken entführte. War es Zufall, oder hatte Minos eine karmische Rückerinnerung? Jedenfalls konnte und wollte er sich von dem Prachtexemplar nicht trennen. Was die Götter erboste und auf Rache sinnen ließ. Sie fanden eine höchst subtile. Und Kretas Stiermythos gipfelte in dem Fehltritt der Königin Pasiphaë. Sie entbrannte in Liebe zu dem makellosen, weißglänzenden Stier und wollte sich mit ihm vereinigen. Der geschickte Meister Daidalos wußte Rat. Er baute ein bronzenes Gestell in Form einer Kuh, in das die Königin hineinkriechen konnte. Diese Kuh muß ein wahrhaftes Meisterwerk gewesen sein, so naturgetreu, daß der Stier sich täuschen ließ, sie besprang und mit der Königin ein Kind zeugte. Asterios, das stierköpfige Wesen, ein Schandfleck auf der priesterköniglichen Weste von Minos, mußte vor der Welt verborgen werden. So ließ der König von Daidalos ein Labyrinth bauen, in dessen Tiefe Asterios, der Minotauros, von nun an leben mußte.

Der verhängnisvolle Fehltritt der Königin

Doch den unerbittlichen Göttern reichte diese Strafe für Minos noch nicht aus. Eurystheus überliefert uns, daß der weiße Stier, der Pasiphaë begattete, wild wurde. Niemand war in der Lage, ihn zu fangen oder zu töten. Nun trat Herakles, der seine berühmten zehn Heldentaten bereits vollbracht hatte, auf den Plan. Er kam auf Geheiß von Minos nach Kreta, fing den Stier, betäubte ihn mit einem gewaltigen Schlag auf den Kopf und brachte ihn nach Mykene. Dort ließ er ihn frei. Lange schweifte das ungezähmte Tier auf dem Peloponnes umher. Endlich gelangte es über den Isthmus nach Marathon und verheerte die ganze Gegend. Ein anderer Held wurde nun ins Stiergeschehen verwickelt: Theseus. Diesmal fing er den Stier wieder ein und brachte ihn nach Athen. Hier wurde es zum beliebten Sport, gegen den marathonischen Stier im Kampf anzutreten.

Oh, göttliche Verwicklung! Unter den tapferen und starken Jünglingen, die gegen den Stier kämpften, befand sich auch Androgeos, der Sohn von Minos. Er kam aus eigenem Antrieb oder, wie Minos später annahm, von König Aigeus in böser Absicht nach Athen gelockt. Androgeos stellte sich siegessicher dem Stier entgegen, unterlag und wurde von ihm getötet. Da nutzte es auch nichts, daß Theseus nun den Stier endgültig zu Fall brachte und ihn Apollon opferte. Minos, in seiner Trauer und Wut über den verlorenen Sohn, schickte eine Flotte gegen Athen und erwirkte bei seinem Vater Zeus, daß die von kretischen Schiffen eingeschlossene Stadt von einer Seuche heimgesucht wurde. So mußte sich König Aigeus schließlich ergeben und auf die harte Forderung eingehen, als Zeichen der Untertänigkeit alle neun Jahre sieben Jünglinge und ebenso viele Jungfrauen nach Kreta zu senden, wo sie dem Minotauros zum Fraß vorgeworfen wurden.

Zweimal schon war der Menschentribut an Kreta entrichtet worden, da entschloß sich Theseus, der Sohn von König Aigeus, freiwillig die Fahrt mitzumachen, um seine Vaterstadt von der Last zu befreien und den Minotauros zu töten.

Schließlich hatte er ja bereits mit Stieren einige Erfahrungen gesammelt. Er befragte das Orakel, und es riet ihm, sich Aphrodite zur Führerin über die See zu wählen. Was er auch tat. Die Göttin erweckte im Herzen von Ariadne, der Lieblingstochter von Minos, tiefste Zuneigung zu Theseus. Ariadne, die Reine, wollte den schönen, jungen Helden nicht verlieren, bevor sie ihn überhaupt bekommen hatte, und sann auf Hilfe. Da kam ein letztes Mal Daidalos ins Spiel, bevor er sich fliegenderweise mit seinem Sohn Ikaros von Kreta absetzte. Er zeigte Ariadne den Ausgang des Labyrinths und übergab ihr ein Knäuel. Bevor Theseus mit den sieben Jünglingen und Jungfrauen das Labyrinth betrat, kam Ariadne ihm entgegen: »Nimm dieses Knäuel und binde es am Eingang fest. Lasse es beim Weitergehen ablaufen, bis du zu dem Ungeheuer kommst. Hast du es überwunden, dann spule den Faden wieder auf. Er wird dich durch alle Irrwege wieder hinausführen.« Mit diesen Worten übergab sie dem attischen Helden das Knäuel und ein geweihtes Schwert, mit dem er den Minotauros töten sollte. Das Ende jeden Heldenweges ist der Sieg. Apollon besiegte mit dem göttlichen Schwert das Ungeheuer Python, Siegfried den Drachen und Theseus den Minotauros. Als der Königssohn aus dem Labyrinth heraustrat, nahm Ariadne ihn bei der Hand und führte ihn auf einen Tanzplatz, den Daidalos, ihr Führer, errichtet hatte. Seltsam verschlungene Windungen zeigten sich auf dem Boden, die vom äußeren Rund spiralenförmig nach innen liefen. Die Ähnlichkeit mit einem Labyrinth war unverkennbar. Dort tanzten die beiden im Gefolge der sieben Jünglinge und Jungfrauen zum Andenken an Theseus' Weg durch das Labyrinth des Minotauros den Kranichtanz.

Ariadne, Theseus und das Ende des Ungeheuers

Ich saß auf meinem Stein und blickte auf diesen rätselhaften Palast vor mir. Was war er nun wirklich? Fürstensitz, Heiligtum, Labyrinth? Alles zusammen? Ich wußte, er würde mir keine Antwort geben. Ich schaute über das Land. Meine Gedanken wanderten weiter über das hinaus, was meine Augen gerade sehen konnten. Bilder tauchten auf, Stationen meiner kretischen Reise. Alles Erlebte und nicht Niedergeschriebene: weil es ein Buch und noch eines und ein weiteres füllen würde. Und ich fragte mich, ob der Minotauros wirklich besiegt war. Hatte er nicht in Ermangelung anderer Nahrung immer wieder Kreta gefressen? Ein nicht greifbares, zeitloses, grauenerregendes Ungeheuer? So wie es Henry Miller in seinem »Koloß von Maroussi« beschrieb:

»Auf Kreta wurde jeder Fußbreit des Landes umkämpft, erobert, verloren, wiedererobert, verkauft, ausgehandelt, verpfändet, versteigert, durch Feuer und Schwert dem Erdboden gleichgemacht, zerstört, geplündert, von Tyrannen und Dämonen beherrscht, von Fanatikern und Eiferern bekehrt, verraten . . . von kultivierten wie von wilden Horden verwüstet, von allen möglichen Menschen geschändet, zu Tode gehetzt wie ein verwundetes Tier, zu Greuel und Idiotie erniedrigt, vor Wut und Machtlosigkeit keuchend, zurückgelassen, von allen wie ein Aussätziger gemieden und dem Untergang in seinem Dreck und Kot preisgegeben . . . So sah die Wiege unserer Kultur aus.«

Jeder Stein redet

Und dennoch, Kreta hat alles überlebt und alles bewahrt. Jeder Stein redet, jeder Spaziergang entführt den Wanderer auf eine inwendige Reise, jeder Blick auf die himmelstürmenden Berge eröffnet verborgene Panoramen aus fünftausend Jahren Sterben und Werden: Bilder von Anmut

»Ich erhoffe nichts, ich fürchte nichts, ich bin frei.« Das steht auf Nikos Kazantzakis' Grab. Es könnte auch die Devise für Kreta sein

und Agonie, von Schönheit und Schrecken, Glanz und Elend. Das hat die Kreter zu dem werden lassen, was sie heute sind, eine Mischung aus minoischen Nerven und dorischen Muskeln. Schönheitsliebend, freiheitsliebend und vor allem kämpferisch. Denn sie haben eines begriffen: Der Sieg über den Minotauros währt nicht ewig. Es ist nur eine Frage der Zeit, wann ihm sein gefräßiger Stierkopf nachwächst. Dafür wollen sie gewappnet sein.

Als ich wieder daheim war, begann ich mich auf die Suche zu begeben nach dem Labyrinth des Minotauros. Wo lag es? Was war es? Wie sah es aus? Dabei machte ich die erstaunlichsten Entdeckungen. Jedes Volk, jede Kultur dieser Erde, bei den Steinzeitmenschen angefangen, kannte das Labyrinth. Es fand sich auf bronzezeitlichen Felszeichnungen, in Sandstein geritzt bei den Hopi-Indianern, auf javanischen Goldringen, in indischen Manuskripten, afghanischen Zauberbüchern, als ausgelegte Steinmuster auf Druidenhügeln und in christlichen Kirchen und Kathedralen. Das berühmteste und größte Kirchenlabyrinth ist heute noch in der Kathedrale von Chartres zu sehen. Mit seinen dreizehn Metern Durchmesser füllt es die gesamte Breite des Mittelschiffes aus.

Das Labyrinth: Metapher des Lebensweges

Eines Tage stieß ich auf ein Buch, das jede weitere Suche nach Labyrinthen erübrigte. Es ist die wohl größte und ausführlichste Sammlung von Labyrinthen aus der ganzen Welt, die es zur Zeit gibt: das Lebenswerk des Kunsthistorikers Hermann Kern. Dieses Buch hat mich unglaublich fasziniert und genauso frustriert. Der Autor stellt Thesen auf und setzt durch Nennung anderer Kapazitäten sofort Antithesen dagegen. Ein Labyrinth ist dies und das, es könnte aber auch etwas ganz anderes sein. Bedeutungsvoll oder bedeutungslos. Ein Tanzritual, ein Ballspielplatz, ein Lustwandelgarten, eine magische Beschwörungsformel, ein Gebetsplatz. Hermann Kern ist nach einer langen Krankheit sehr jung gestorben. Vielleicht hat er ganz am Ende seines eigenen Leidensweges den Sinn des Labyrinths gefunden. Ganz klein und verloren, und wohl erst nachträglich dem Buch hinzugefügt, stehen die Worte des Autors:

Im Labyrinth verliert man sich nicht
Im Labyrinth findet man sich
Im Labyrinth begegnet man nicht dem Minotaurus
Im Labyrinth begegnet man sich selbst.

Das war es, wonach ich gesucht habe. Das Labyrinth, Metapher unseres eigenen Lebensweges.

Ein Symbol, das alle Völker dieser Welt schon immer als kollektives Bild in sich getragen haben und weiter tragen werden. Dieser labyrinthische Weg kann auf vielerlei Art begangen werden: tanzend, spielend, betend, lustwandelnd oder magisch. Aber er ist unausweichlich. Und er ist ein Einweihungsweg. Vom ersten Atemzug an. Wir werden aus dem Uterus geboren, eine schmale, dunkle Öffnung, durch die wir uns ins Leben schieben. Wir gehen den langen Weg, der immer ein einsamer ist und nur in eine Richtung führt, zum Tod. Aber wir gehen nicht geradlinig, sondern in Schleifen, die uns der eigenen Mitte einmal näherbringen und dann wieder von ihr wegführen. Irgendwann, wie lang dieser Irrweg auch dauern mag, stehen wir vor dem Zentrum und begegnen dem Schatten, der Sünde, dem Minotauros in uns selbst. Und nur durch eine Kehrtwendung können wir auf demselben Weg zurück den Ausgang wiederfinden. Eine totale Transformation, eine Wiedergeburt, eine Initiation ist notwendig. Der Eingang wird zum Ausgang, die Grabeshöhle zur Geburtsstätte. Das ist der Weg jedes Suchenden. Das auch ist die Gemeinsamkeit von Labyrinth und Mythos. Beide sagen uns:

Du wanderst immer zu dir selbst,
du erfährst dich selbst.

So gehe ich also weiter, suche weiter, schreibe auch weiter, bis ich vielleicht irgendwann einmal das Ende meines Ariadne-Fadens gefunden habe. Den Ausgang und Eingang, der mich aus dem Labyrinth herausbringt ans Licht.

Register

ATLAS, TITAN DER GRIECH. MYTHOLOGIE. TRÄGT URSPRÜNGLICH DAS HIMMELSGEWÖLBE, SEIT DEM MITTELALTER DIE WELT.

In Griechenland sind wir einfach stark.

JAHN REISEN
EIN LTU UNTERNEHMEN

MAGISCH REISEN

Mit dem Herzen die Welt erleben
und zu sich selbst finden

Ägypten (12281) von Bernd A. Mertz
Australien (13023) von Christine Cerny
Bretagne (13019) von Franjo Terhart
Deutschland (12284) von David Luczyn
England (12296) von Klausbernd Vollmer
Frankreich (12287) von Gilbert Altenbach und Boune Legrais
Glastonbury (12289) von Dion Fortune
Griechenland (12282) von Bernd A. Mertz
Griechische Inseln (12295) von Anne Tappe
Indien (12286) von Wulfing von Rohr
Irland (12292) von Sabine Korte und Matthias Weigold
Italien (13022) von Stefanie Risse
Nordamerika (12285) von Natasha Peterson
Österreich (12290) von Christine Cerny
Der Pilgerweg nach Compostela
(12299) von Louis Charpentier
Portugal (12294) von Safi Nidiaye
Schweiz (12298) von Pirmin Meier
Spanien (13021) von Carmen Rohrbach
Toskana (12291) von Stefanie Risse
Türkei (12280) von Anne Tappe

GOLDMANN VERLAG